Pass on the Gift of Kindness to Children!

チャイルドラインで学んだ

子どもの気持ちを聴くスキル

山口祐二
［著］

ミネルヴァ書房

はじめに

三〇数年関わってきた児童福祉、不登校や非行やニートの相談、様々な市民活動などの中でも、ここ一〇年以上ボランティアで取り組んできたチャイルドライン活動から学んだことが、私の中で大きな比重を占めるようになってきました。この本はそのチャイルドライン活動を中心にして、子どもたちの気持ちを受けとめるためにはどのような聴き方や関わり方をしたらよいのか、そのスキルと考え方を詳しくお伝えするものです。

チャイルドライン活動（全国四四都道府県、七五実施団体、平成二五年一二月一日現在）では何よりも子どもたちの生の声（平成二四年度総着信二一万四、六四三件）を聴かせてもらえます。様々な問題を抱え、あるいはただお話がしたいという子どもたちがかけてくる電話では、（匿名なので）かなり本音のやりとりになります。長年の活動で子どもたちからの信頼もできてきたので、家庭の親や学校の先生あるいは友人にも言えないような話をたくさんしてくれます。電話で話すことは、子どもたちにとっては他ではあまり得られない特別な空間になっているのではないでしょうか。

今まで一緒に活動してきた二〇〇人以上の熱心なキャッチャー（聴き手ボランティア）は、本当に悪戦苦闘しながら様々な子どもたちの声を真摯に受けとめてきました。特に東日本大震災後、子どもたちからかかる電話の内容にだんだん厳しいものが増えてきました。経済的なことなど大人社会が抱えている問題が子どもたちにも直にのしかかっています。あまりにも先が見えない閉塞した社会が子どもたちの生活にもじわじわと迫っています。その影響とも考えられるいじめや虐待などの厳しい内容の電話を受けとめるのは、本当にデリケートで難しい作業です。どんなに様々な学びと練習を積んでも実際に電話を取ることは簡単ではありません。常に試行錯誤の連続です。

そのようなとても困難な取り組みの積み重ねの中から、キラリと光る聴き方のスキルが生まれたり、ときとしてうまく受けとめられたと感じた、その理由をずっと探し続けていくと見えてきた考え方などが、少しずつ集まってきました。それらをまとめたものがこの本です。ですから専門家の書く教科書のようにはまとまっていないかもしれません。しかし一〇年以上実践を重ねた中から生まれ、必要に迫られて紡ぎ出されたものなので、きっと他の人にも何かのお役に立てるのではないかと思います。

この本は、日頃、子どもたちに関わる立場にある親や学校の先生などにはもちろん読んではしいのですが、実は中学生や高校生にもぜひ読んでほしいのです。基本的には人を応援するという立場からの本ですし、かなり難しい話や重たい話も出てきますが、きっと理解してもらえるところも多いと思います。中学生や高校生のみなさんがこの本を読んで具体的なスキルや考え方を身につけて、近所の友だちやクラスメイト、部活の仲間などともっと気持ちを伝え合い理解し合って生活していければ、毎日がもっと楽しく豊かになるのではないかと思うのです。

また、この本で示したスキルや考え方は、子どもだけでなく大人社会でも役に立つと思います。ちょっとした悩みや問題などを抱えた人がいたら、身近な人がお助けマンになってしっかり気持ちを聴き合うことで、少し楽になったり解決できたりすることも増えると思います。色々困ったことがあっても、早いうちに、問題が軽いうちにちょっと支え合えれば、専門家や相談機関などに行かなくても済むことも増えるのではないでしょうか。そして身近な人同士が聴き合い支え合えるコミュニケーションが社会にもっと増えていけば、まわりにある様々な問題にも誰もがちょっとずつ関心をもち、協力し合ったり、あるいは参加して一緒に解決していくことも増えると思うのです。

できるだけ実際の状況を把握してもらいやすいように、数多くの事例の中から具体的なイメージが得られやすいものを選んで示しました。事例の中で個人が特定されるようなことがないように様々な配慮をしています。
この本を手に取って、目次を見て何か気になったところをどこからでも読み始めて頂ければと思います。もちろん順に読んでいかれてもよいです。はじめのほうはスキルの話が多くて退屈に感じるかもしれませんが、あとからいろいろなエピソードが出てくるので、あちこちつまみ食いでも、パラパラ拾い読みでも、それぞれの読み方で楽しみながら、何か一つでも日々の生活に役立つものが見つかったらうれしいです。そしてとにかく子どもと話をする人が増えてほしいです。

二〇一三年一二月

山口祐二

目次

2　つながるためのスキル……23

5 スキルと考え方の道具箱 ······ 155

1 気持ちを聴くために必要なこと

この章では、まず気持ちを聴くために必要な、中心となるスキルについてお話します。子どもや若者を中心にたくさんの話に耳を傾け、相談に乗ってきましたが、子どもたちはどんどん自分の気持ちを話せなくなっていると感じています。それは社会全体に余裕がなくなって、大人も子どもも忙しくて、ゆっくり相手の話を聴くことができなくなっているからだと思います。また、とにかく子どものまわりに人がいません。ある小学校のクラスで「誰に話を聴いてもらう?」と尋ねたら、〝ペット〟と答える子が多かったそうです。「ペットは何も言わずに言うことを聴いてくれる!」と子どもたちは言います。核家族で親戚も近所付き合いもなくて一人っ子か二人きょうだいだったら、なかなか話をする相手がいないのも当然です。相手がいないと今日学校であったことも話せないし、いつも話していないとだんだん話せなくなってしまうのです。

そのときどんな気持ちだった?

そこで、できごとや悩みについてじっくり耳を傾けていくときには「いまどんな気持ち?」「そのときどんな気持ちだった?」と聴いていきます。まず子どもと関わる人は「どんな気持ち?」というフレーズがスムーズに言えるようになってほしいです。とにかく子どもの気持ちにしっかり焦点を当てて聴くことが何よりも大切です。〝気持ち〟に焦点を当てて聴いていると、その子が元気を取り戻したり、自分で解決方法を見つけていくことがよくあります。そういうときはその子の〝自分〟が出てくる感じがします。気持ちを話すことができると、奥にしまっていた〝本来の自分〟が表に現れて、ちゃんと考えたり判断できるようになってくることが多いように思います。逆に考えると、いつも聴いてもらえる人がいなくて話ができないで生活することが多くなると、〝自分〟が薄くなったり弱くなってしまうように思います。

びっくりしている

一般的に気持ちというと、楽しいとかうれしいとか、あるいは悲しいとか苦しいとかいう言葉が浮かんでくるのではないでしょうか。しかし、何か問題やトラブルが起こったときに一番先に感じる気持ちは、そういう形容詞で表現できるような感情ではなくて、もっと身体で直に感じるような〝びっくり〟という感情なのです。あるいは〝ショック〟だったり〝いったい何が起こったのかわからない〟という困惑した感情なのです。

例えばいつものように学校に行ったら、自分の靴箱に上靴がない、ということがあります。最初「あれっ、どうしたかな」「家に持って帰って洗ったかしら」と思ったりします。でも少し考えると今日は月曜日じゃないし、昨日は普通に靴箱に直したし……と一体全体何が起こったのか状況が把握できません。そういうときには、何をどう考えてどう行動したらよいかさっぱりわからなくなって、無力感さえ感じてしまうのではないかと思います。あるいは、仲の良いお友だちから突然無視されたり、身に覚えのないことで急に先生に叱られたりすると、とにかく〝びっくり〟して一瞬身体が固まったり、〝ショック〟で、どう受けとめてよいかわからなくて、ぼう然としてしまうかもしれません。そういう〝びっくり〟の感情が子どもの心と身体を襲います。

子どもでなくても事情は同じだと思います。当然受かると思っていた試験に不合格だったり、失恋したり、突然店長に「クビ」と言われたり、セクハラされたりしたときには、多くの人が「ぜんぜん予期していなかった」「まさかそんなことが起こると思っていなかった」という〝びっくり〟や〝ショック〟の感情を抱きます。しかし、多くの場合、そういう重たい感情を〝知られると恥ずかしい〟とか〝心配をかける〟と思って誰にも話せないままに抱え込んでしまうことが多いのです。

こういう〝びっくり〟の感情は、特に子どもの場合なかなか話せなくて誰にも聴いてもらうことができないために、知らないうちに重荷やキズになって残ってしまうことがあります。何かトラブルや問題が起こったときに、この一番最初に感じた〝びっくり〟の感情を誰かに受けとめてもらうことが大切です。「びっくりした?」「ショックだったんじゃないかなあ？」「そんなことが起こると思ってなかったよねえ」と寄り添っていくことがとても役に立つスキルになります。寄り添っていくと、ときとしてそのときのことが思い出されて悲しくなったり苦しくなったり涙がこぼれたりします。一人ぼっちでとっても不安だった子どもの状況にしっかり思いを馳せながら、そのときの気持ちを一緒に感じながら受けとめていくと、じわりじわりと重石がとれるように元気を取り戻してくれることもあります。

沈黙を受けとめる

せっかく電話をかけたり相談しにきたのに、何も言わずに黙っている子はとても多いです。それほど思っていることや気持ちを、実際に言葉にすることは子どもたちにとって難しいことなのだと思います。心の奥にしまってあるなかなか言葉にならない思いや気持ちに、こちらは想像力を働かせながら、しっかり沈黙を受けとめていくことはとても大切なことです。

それは言うのは簡単でも行うのはとても難しいことです。特に初めからずっと黙っているのを受けとめるのは相手の様子が全くつかめないので難しいです。そういうときは「よくかけてくれたね」「ありがとう」とサラッと声をかけながら、ゆったりと待つことが多いです。エンジンが温まって話を始めるまでに時間がかかる子がいて、そのしばらくの時間をしっかり保障して相手を大切にしていくことが、その後心を開いて話をしてくれることにつながったりします。しかし聴く経験を積んで慣れてきても沈黙が長くなるとやはり焦りますし緊張もします。慌てずに待つことがきっと役に立つと自分に言い聞かせながら、落ち着きを取り戻して集中しながら、でも温かい気持ちでときどき声をかけながら待ちたいです。

次に、話が始まってからの沈黙というか子どもが言いよどむこともよくあります。それはこちらが十分に話についていけなかったり理解できない内容のときにも起こりますし、子どもの側が自分の経験をまだうまく言葉にしきれないときもあります。そういうときは無理に聞きだそうとしないで、やっぱり静かに待ったり、明らかにこちらが役に立てなかったときは「ごめんなさい」と謝ります。まだ十分言葉にならない感じのときは、「ゆっくり話してね」とうながしたりします。

しばらく話ができて深まったり問題解決の方法が見えてきた後に沈黙になることがあります。そういうときの多くは、子どもがいままで話してきたことについて頭で整理したり、これからどうしようかと思いをめぐらせている場合です。人は考えていることを全て話すわけではありませんから、たとえ話しているうちに気持ちが軽くなったり明日からの希望が見えてきたとしても、必ず「話して楽になった！」とか「明日学校に行ったら〇〇の方法でやってみたい」と言ってくれるとは限りません。もう心が明日に向いていれば、気もそぞろになって案外こちらの話を聞いていないかもしれません。あるいは続けて話そうと思っても、「じゃあまたかけます」とか「もう少し考えてみます」と何か考えをまとめる様子で終わってしまうこともあるかもしれません。

こういう沈黙のときにこちらがよく気をつけなければいけないことは、こちらから話し始めてしまわないようにすることです。沈黙が続くと、つい何か話さなければと焦ってしまったり、サービス精神旺盛な人は往々にして持っている情報をとにかく伝えてあげたくなってしまうことがあります。しかし、話が一段落した後に、子どものほうから話題を他に展開したりするのでなければ、こちらから話をしないようによく気をつけておきます。話が盛り上がった後に少しクールダウンして終わったほうがよさそうなときに、明日の天候など当たり障りのない話をすることはあっても、自分の経験や考えを話したくなったら、〝いけない、いけない〟と思ったほうがよいです。あくまで話をする主体は子どもで、こちらはしっかり聴くという姿勢を忘れないようにしたいです。往々にして、一旦大人は話し始めると聴くことを忘れてしまいがちになります。沈黙はそのスイッチが入るきっかけになりやすいので要注意と覚えておいてください。

気持ちを感じられない子

大人になれば、時と場合に合わせて自分の感情を抑えることも多くなります。それに比べて子どもは屈託がなくて感情を表に出して生活している、というのが一般的な認識ではないでしょうか。ところが、長年子どもや若者と接している実感としては、逆に若くなればなるほど以前の同年齢に比べて感情を表に出すことが少なくなっている印象が強いです。表に出す出さないに止まらず、実際に感情を体験することそのものが、かなり薄くなっているのではないかと考えられます。その傾向は毎年顕著になっていて、子どもたちはどんどん豊かに感情を感じるのびやかな生き方ができにくくなっているように思います。

何か大変なことが起こったとき、何があったかは話せるのに、「そのときどんな気持ちだった？」と尋ねても、「……」と言葉にならない子が結構います。そういうときは、慌てずにしかし温かい気持ちで、言葉になるのをじっと待ちます。自分の中から紡ぎだすように「苦しかった」とか「ゆるせなかった」という気持ちを表す言葉が出てきたら、そのこと自体が癒しにつながると感じるからです。やはり言葉には「ことだま」と言われるように何かの力があるのでしょう。人から言葉が発せられること自体に自分が自分であろうとする意志が働いていると考えられますし、発せられた言葉が自分の身体にもう一度届いて響く、ということもあるのではないかと思います。ところが、すぐに「辛かった？」「嫌だった？」と尋ねてしまうと、せっかく出てこようとしていた自分を癒す小さな芽が伸びにくくなってしまいます。

しばらく待ってもなかなか気持ちが言葉になりにくいときは、こちらから呼び水のように気持ちを表す言葉を投げかけてみます。「悲しかったんじゃない？」「しんどかった？」そうして、子どものほうからも「うん、悲しかった」「しんどかった～」と出てきたら、もう一度「悲しかったね～」「しんどかったね～」と繰り返してやるとよいと思います。気持ちを表す言葉をやりとりして何度も言ったり聞いたりすることで、その子が本当に身体全体で十分気持ちを感じることができると、少しすっきりするかもしれません。

特に低学年以下の子はたくさんの言葉を知りませんし、中には気持ちを表す言葉をほとんど使ったことがない子もいますので、この機会に気持ちを表す言葉を少しでも自分のものにしてほしいと思いながら語りかけたらよいと思います。

当然「悲しかったんじゃない？」と投げかけても「……」と反応がない子もいます。そういうときは「違ったかなあ、お姉ちゃんは悲しかったんじゃないかって想像したんだけれど、どうかなあ」というように軽く繰り返しながら発言を待ったりします。きっと悲しかったろうなあと思われる状況にあってもしっかり気持ちを感じられない子に、悲しいと感じてもいいんだよというメッセージを届けたいのです。たとえいまは言葉にできなくても、いつかできたらいいね、と思うのです。

表現のバリエーションを豊かに

愛しい、忌《いまわ》しい、嫌だ、鬱陶《うっとう》しい、恨《うらめ》しい、羨《うらやま》しい、嬉《うれ》しい、恐《おそろ》（怖）しい、悲（哀）しい、嫌いだ、悔しい、苦しい、心苦しい、心細い、心許《こころもと》ない、寂《さび》（淋）しい、爽《さわ》やかだ、幸せだ、しんどい、心配だ、切ない、楽しい、つまらない、辛い、名残惜《なごりお》しい、懐《なつ》かしい、憎《にく》い、妬《ねた》ましい、恥ずかしい、不安だ、待ち遠しい、みじめだ、空《むな》（虚）しい、めでたい、申し訳ない、物悲しい、やるせない、煩《わずら》わしい、侘《わび》しい

ここに並べたのは気持ちを表す形容詞や形容動詞です。後に「～の（な）気持ち」や「～の感情」をつけてみて成り立つ言葉です。日頃私たちはこういう言葉をどれくらい使っているでしょうか。おそらく他の名詞や動詞に比べて、使う頻度が少ないと感じられる方も多いのではないかと思います。きっといまの日本社会で生活する大人自身が十分気持ちを感じたり話したりできていないのではないかと思うのです。私たちは、子どもの気持ちと向き合うためにも、まず自分自身が豊かに感情を体験しながら生活できるように、日

頃から気持ちを表す言葉をたくさん使う工夫をしていく必要があると思います。

そして、これらの気持ちを表す言葉を実際子どもとの会話にできるだけ取り入れていきたいです。「ひとりじゃ心細かったねえ！」「心配かけたらいけないって思ったんだ～」とそのときの相手の気持ちを想像しながら聴いていくと、なんだか近寄ってそばにいてくれる感じがしてくると思います。

今度は、同じように感情が含まれた動詞です。

飽《あ》きる、怒《いか》る、憤《いきどお》る、悼《いた》む、忌《い》む、恨《うら》む、愁《うれ》（憂）える、うんざりする、惜《おし》む、恐《おそ》れる、悲（哀）しむ、嫌う、悔《くや》む、苦しむ、恋う、好む、慕《した》う、忍ぶ、愉《たのし》しむ、懐《なつか》しむ、憎《にく》む、恥《はじ》らう、むかつく、喜ぶ
他にも人と人が関わる動詞もたくさんあります。こういう言葉を会話の中にたくさん使うことによって、人と人とが関わったりつながったりするイメージがつかみやすくなると思います。

愛する、労《いたわ》る、応援する、奢《おご》る、押す、関わる、貸す、担《かつ》ぐ、構う、借りる、軽んじ

る、蔑《さげす》む、支える、摩《さす》る、誘う、触る、叱る、指示する、支持する、示す、邪険《じゃけん》にする、邪魔する、重視する、世話する、倒す、助ける、叩《たた》く、正す、騙《だま》す、試す、問う、同感する、同調する、怒鳴《どな》る、殴《なぐ》る、詰《なじ》る、労《ねぎら》う、励《はげ》ます、待つ、持ち上げる、弄《もてあそ》ぶ、休ませる、やらせる、わきまえる、笑う

そして、次に、オノマトペと言われる擬音語、擬態語のうち、人の気持ちや様子を表すものを書き出してみました。私はこのオノマトペが、人が気持ちを伝えたり受け取ったりするために非常に重要なコミュニケーションのツールになると考えています。一つひとつ読みながら、何か人に関係する情景が浮かんでこないか、想像してみてください。それがどんな場面か考えてみてください。ちょっと面倒なくらいたくさん書いていますが、ぜひチャレンジしてみてください。

アッサリ、イソイソ、イライラ、ウキウキ、ウジウジ、ウズウズ、ウダウダ、ウッカリ、ウットリ、ウルウル、ウロウロ、オズオズ、オタオタ、オドオド、オロオロ、オンオン、ガタガタ、ガッチリ、ガッカリ、ガミガミ、ガラガラ、ガラリ、カリカリ、カンカン、ギスギス、ギックリ、キッチリ、キッパリ、キビキビ、キャピキャピ、キュン、ギョ、キョ

ロキョロ、キラキラ、ギラギラ、キラリ、キリキリ、ギンギン、グーグー、クスクス、グズグズ、クスン、グダグダ、グッタリ、クネクネ、クヨクヨ、グラグラ、ゲッソリ、ゲンナリ、ゲラゲラ、コソコソ、ゴソゴソ、コックリ、ゴロゴロ、コロリ、ゴロリ、サッパリ、ザックリ、サバサバ、ザワザワ、シッカリ、シックリ、ジックリ、ジリジリ、ジロジロ、シーン、ジーン、ジンジン、スイスイ、ズキズキ、スクスク、ズケズケ、ズタズタ、スッカラカン、スッキリ、スッテンテン、スッパリ、ストン、スンナリ、ズブズブ、ズルズル、ゼーゼー、セカセカ、ゾクゾク、ゾロゾロ、ソロリソロリ、ソワソワ、タジタジ、タップリ、タラタラ、チグハグ、チクリ、チャッカリ、チャキチャキ、チョイチョイ、チョッキリ、チョット、チョロチョロ、チラホラ、チンタラ、ツンツン、テキパキ、テッキリ、テレテレ、デレデレ、ドキドキ、ドギマギ、トゲトゲ、ドシドシ、ドサクサ、ドッキリ、ドッサリ、トボトボ、ドップリ、ドンドン、ドロドロ、ニコニコ、ニッコリ、ニンマリ、ネチネチ、ネットリ、ノコノコ、ノッソリ、ノビノビ、ノロノロ、ノンビリ、バタバタ、バッタリ、ハラハラ、バラバラ、バリバリ、ハンナリ、バンバン、ピーピー、ピカピカ、ビクビク、ピッタリ、ビシバシ、ヒヤヒヤ、ヒョウヒョウ、ピョンピョン、ヒリヒリ、ピリピリ、ピンピン、ブーブー、プッツン、フラフラ、ブラブラ、プリプリ、フワフワ、プンプン、ベタベタ、ヘラヘラ、ペコリ、ベロベロ、ボー、ポッチャリ、ポッカリ、ホノボノ、ホヤホヤ、ホロホロ、ボロボロ、ポンポン、ボンヤリ、マジマジ、マッタリ、マッピラ、ムンムン、メソメソ、メキメキ、メラメラ、メロメロ、モグモグ、モジモジ、モゾモゾ、モヤモヤ、モリモリ、ヤッパリ、ヤンワリ、ユックリ、ユッタリ、ヨソヨソ、ヨタヨタ、ヨチヨチ、ヨレヨレ、ヨロヨロ、ランラン、ルンルン、ワイワイ、ワクワク

なじみのない言葉もあるかもしれませんし、オノマトペはローカルな使い方もあるみたいなので、よく使う言葉がなかったりするかもしれません。一つひとつ声に出してみるとよけいピンとくると思いますが、何か人に関する情景が浮かぶものが多いのではないでしょうか。それにしてもたくさんありますね。もっと思いついた人は、書きだしてみると良いと思います。このオノマトペの特徴は、ある状況を表現するのにピッタリな感じがして、それ以外の言葉ではなかなか言い換えることができないことです。特に気持ちを表すのにピッタシカンカンなのです。日常生活の中で、何となく感じていた感情がそれこそモアっと身体の中にあるときに、それを「イライラ」とか「ハラハラ」とか「キリキリ」といったピッタリな言葉にして口に出して表現できると、それまで充分に感じられなかった自分の気持ちが、言葉という形になって、ちゃんと感じられるようになると思います。そうなんだ、ボクは、私は「イライラ」「ハラハラ」「キリキリ」している（た）んだって自分で

しっかり感じられることは、とても大切なことだと思います。

それからオノマトペは、状況を事細かに説明しなくてもまるごと伝わるとってても便利な言葉です。ここには一〇〇個以上の言葉がありますが、それと同じ数だけ人に関する異なる状況があるということになります。これらのオノマトペをたくさん覚えて上手に使えると、相手と話している場面にピッタリの感じを共有することにつながります。「そうか〜返事が来るまでドキドキだったんだね」「お父さんカンカンなんだ〜」「それは誰だってフラフラになるよ〜」と言うと「もうドキドキでした」「うん、カンカン」「そうなんです。フラフラでした!!」とまるでそのときの様子がそのまま甦るように会話が弾んで相手とつながった感じがもちやすいですし、関係が深まるように思います。

コミックにもこのオノマトペがたくさん出てきますが、外国で出版するときに翻訳に困って、苦肉の策で日本語の音をそのままに「DOKIDOKI」と表現する場合もあると聞いたことがあります。また日本に住んでいる外国人の方とお話していて、このオノマトペの重要性に改めて気づかされたことがあります。子どもの頃から長く日本に住んでおられる外国人の方は、このオノマトペを自在に使える人が多いけれど、大人になって日本に来られた方はなかなか使いこなすのに苦労されるということでした。やはり実際の生活場面や体験と結びついた中で数多くのオノマトペを聞いたり使ったりしていると、自然と表現がしっかりと身について、相手の気持ちも想像しやすくなるし、より的確な自己表現ができるようになるので、コミュニケーションの質がかなりアップするのだと思います。

そしてやはり年齢が上がるほうが、このオノマトペのレパートリーが多いように思います。何となくオノマトペは若い人が使っているようなイメージがあったのですが、そうではないみたいです。調べると平安時代の書物にも残っているほど、昔から日本人がたくさん使ってきたものなのだそうです。いつの時代も言葉を作るのは若い人だと思うのですが、馴染んで使いこなしていけば、当たり前になっていきますよね。たくさん使うので「丁度（チョウド）」のように後から当て字をしたものなんかもあるみたいです。日本人にとってはとても大切なアイテムなのだと思いますが、これまで意外に重要視されてきていないように思います。子どもたちとの会話の中では特に活かして使っていきたいですね。

ソフトな尋ね方

子どもたちの中には、抱えている気持ちがあっても外に出してはいけないと感じている子がかなり多くいます。また、楽しいとかうれしいとかポジティブな気持ちは出してもよいけれど、悲しいとか苦しいというネガティブな気持ちを表現したら、相手に受け入れてもらえないんじゃないか、嫌われるかもしれないと心配している子も多いです。

そういうデリケートな気持ちに揺れる子どもたちの話を聴くときには、ソフトな尋ね方をして自然に気持ちが出せるように工夫します。まず表現する気持ちを小さめに聴くという方法があります。「ちょっと嫌だったんじゃない？」とか「少し苦しかったよね？」というように気持ちが少しなんだという尋ね方をすると「うん、ちょっと嫌だった」「少しだけ苦しかった」と返してくれることがあります。すかさず「ちょっと嫌だったよね〜」「少し苦しかったね」と繰り返して一緒に噛みしめるようにします。

ここで注意しなければならないことは、たとえ子どもたちが「ちょっと」とか「少し」と言ったとしても、それは決して「ちょっと」や「少し」の気持ちではない可能性が高いと考えるべきだということです。いや本当はむしろ、「いっぱい」だったり「めっちゃ」嫌だったり苦しかったのではないかと考えたほうが間違いが少ないと思います。

次に一度気持ちを表す言葉を言った後に否定する方法があります。「さみしかった？そうでもなかった？」「ショックだったんじゃない？　違うかなあ？」こういう聴き方をすると、あまり重たい感じにならずに、「そう！　寂しかった」「違う、あんまりショックじゃなかったけど、びっくりした」というように話しやすくなって会話が流れ出すことがあります。子どもたちは、あまり重たい気持ちを抱えることに耐えられない場合が多いので、振幅の少ない軽めの会話をしながら、少しずつ奥にある気持ちに寄り添うようにしていきたいです。

この「気持ち→否定」のバリエーションに、「気持ち→否定→どちらでもない」という方法もあります。「練習きつい？　きつくない？　もう慣れたかな？」「一人だけ傘がなくてみじめだった？　そうでもなかった？　わからない？」やはりそういうことに慣れていない子に自分の中の気持ちに目を向けてもらうというのは大変なので、一応気持ちについて考えてもらうけれど、よくわからないという選択肢も作っておくという配慮をすると、とにかく答えやすいので、次の話につながりやすいのです。いわば、一応答えるんだけれど、パスしてもいいよ、自分のいまの気持ちを大事にしてOKだよ、というスタンスで聴きたいのです。

「どうしたい？　どうしてほしい？」

気持ちとともに大切にしたいことは、子どもが〝どうしたい〟かです。楽しいときも困難な場面でも、その子なりに感じている気持ちがあって、〝どうしたい〟あるいは〝どうありたい〟という思いがあると思います。しかし多くの子どもたちは、自分勝手に〝どうしたい〟〝どうありたい〟を決めてはいけない、まじめな子は考えてもいけないと思っている子がいます。そのため、子どもたちはなかなか自分で〝どうしたい〟〝どうありたい〟

を考えたり選んだり決めたりする経験をもちにくいのだと思います。それで〝どうしたい〟〝どうありたい〟を決める主体となる〝自分〟を実感する機会に恵まれない子どもが増えているのだと考えられます。

「卒業式が最後だったのかあ〜。どうしたかった?」と投げかけたら「本当は告（こく）りたかった！」と誰かに言いたかったことが話せたり、「急に引っ越しするって言われたの……どうしたい?」「……行きたくないけど……とても……言えない」と本音が垣間見えたりします。「そうだねえ、行きたくないけど、言えなかったんだね」とできるだけ受けとめながら、その子の家庭の様子に思いを巡らせたりします。私たちはその場その場で、子どもたちが感じている、あるいは感じていた小さな〝どうしたい〟〝どうありたい〟の一つひとつを大切にしたいと思います。それはその子がその子であること、自分であることを支持し応援することになると思うからです。

しかし「どうしたい?」と聞かれると困ってしまう子は意外に多く、感覚的にはかなり増えている印象があります。そう聞かれると何も言えなくなってしまう子、言えないことが悪いと自分を責めてしまう子がたくさんいることを知っておいてほしいと思います。「そのときどうしたかった?」「……」「そうか〜。そう聞かれても困るって感じがする?」「……うん」「そうだね〜。どうしたかったって思ってたら、もしかしたらそうできたかもしれないもんね」というように、子どもの気持ちに近づいていく工夫をします。

実際日常では〝どうしたい〟が思いつかない、決められない子もそう珍しくないます。休み時間や急に授業が自習時間になったりして、自由に自分でやりたいことを決めてよいという時間になると、どうしてよいかわからなくなるのです。あまりお友だちがいなくて、この時間をどこにいて誰と何をしたらよいかわからないという子もいますし、急な変更が苦手な子もいます。そもそも日頃から親や先生に決められた通りにしか行動することを許されていない子は自分の中からやりたい候補が出てこないのです。よっぽど先生に何かしなさいとか手伝ってと言われたほうがましだと思うのです。今日の宿題を早めにやっておくとか塾の予習をすることを思いついたとしても、それがクラスでできればよいですが、みんなから浮いてしまったり「あいつガリ勉や」と特別視されるともっと困るし、かといって何もしないといろいろ不安が広がってしまいます。子どもにとって〝どうしたい〟というのは、一見何でもないように出てきそうですが、意外にそうではなくて、いろいろなレベルで難しさを含んでいることも知っておいたほうがよいと思います。

この自分が〝どうしたい〟と同時に、人に対して〝どうしてほしい〟あるいは〝どうしてほしかった〟ということも言葉にしてもらいたいときがあります。〝どうしてほしい〟というのは相手のあることですから、実際それがうまくいくかどうかということにもなりますが、それよりもその子が相手に対してどうあってほしい（かった）のかを確かめていくことが大切なように思います。なかなか言葉になりにくいことではありますが、聴いてみると、意外と実現しそうな内容のこともあります。「どうしてほしかったの？」と尋ねると「最後までちゃんと聴いてほしかった」とか「青じゃないのにしてほしかった」「ゴミ箱運ぶのがしたかった」など小さな願いが込められていることも多いのです。自分で言ってみて、なんだか納得した気分になっていく子もいます。やはり声に出して言ってみるとはっきりと〝自分〟を実感できるのではないかと思います。

2
つながるためのスキル

「そのときどんな気持ちだった」と尋ねて、感じていたことを話してもらえるときもあればそうでないときもありますが、そう尋ねられるような関係にまで近づいていくことが、話を聴いていく一つの目標になります。日頃から親しい間柄でストレートに話せるのでなければ、あるいはすぐにでも話したいおしゃべりさんの子でもなければ、少しずつ関係を作ってつながっていくことが必要です。

この章では、そういう関係をどのように作るか、細かいスキルや考え方を示します。関係を作るといっても、もっぱら電話でのやりとりでのことですから、聴き方と話し方が中心になります。色々な子どもと向き合ってきた様々な場面の中から、細かいこと微妙なことをいっぱい並べていきます。必要な考え方についても述べますが、できるだけ具体的な方法を示したいと思います。全部おぼえて実行するというよりも、まずさらさらと読み通して自分がピンとくるスキルを一つか二つゲットして試してみられてはどうかと思います。

対等、丁寧なコミュニケーション

コミュニケーションの基本はお互いが対等になることです。特に電話などで相手が見えない状況で、しかも子どもの話を受けとめるためには工夫が必要です。そこで大切なのは、実際に話をしていて子どもに対等だと感じてもらうことです。こちらがいくら「何でも話していいよ！」と言っても、子どもが安心して話せそうだと感じなかったら、なかなか話しだしてくれません。

子どもは日常、親子関係や教師と生徒、先輩と後輩などの上下関係など様々なストレスやプレッシャーを感じる環境で生活していることが多いです。短い時間だけでも日頃の関係から離れて、のびやかな気持ちで気楽に話をしてもらうためには、こちらが日常とは異なる対等な関係作りを心がける必要があります。こうすれば対等になるというキメのスキルはありません。色々な工夫を重ねながら、子どもがのびやかに話をしてくれていたら、それに近づいたと考えてよいように思います。

例えば、学校に行っていない子や、フリースクール、不登校の居場所に通っている子、高校を中退して通信制に籍を置いて家庭学習をしている子など様々な子がいます。ですから、いくつくらいの子なのか知りたいことがあっても、すぐに学年を尋ねずに「ちょっとあなたのこと聞いてもいいですか」と子どもの許しを得てから年齢で尋ねるなどの工夫をします。丁寧に子どもとの関係を作る小さな配慮を積み重ねていきたいです。

自分の状態を知っておく

できるだけ役に立ちたいと思って子どもの声に耳を傾けていくのですが、そのときにいまの自分自身の体調に意識を向けてつかんでおくことも結構大切です。寝不足だったり風邪気味で熱っぽかったら根気が続かなくて集中できなかったりします。もし時間的に余裕があるならば、子どもの話を聴く前にちょっとお茶でも飲んで落ちついてからにできるとよいですね。

体調だけでなく〝このところ忙しいなあ〟とか〝そろそろ衣替えしなきゃね〟と仕事や日常でいまどういう状態か、何か気になっていることはないかをチェックしておくとよいです。例えば、自分がいま何かにずっとがんばっていると、聴いていてもついつい「がんばってね」と、まるで自分に向かって言いたいことを子どもに言いたくなったり、〝それくらいしんぼうしたらいいのに〟という気持ちが浮かんできて、子どもの気持ちに寄り添うスタンスから離れてしまったりします。〝今日家に帰ったら、確定申告のために領収書の整理をしなくちゃ〟なんて考えていたら、「今日は遅いから、早く寝たほうがいいよ」と言いたくなってしまうかもしれません。そういう自分の状態に気づいておいて、浮かんでくる考えや話したくなってきたことが、自分のいまの状況や日常生活と関係していないかをチェックしておく必要があります。また、日頃自分が取りがちな人との関わり方のくせや特徴も含めて把握しておきたいです。そうすると、ついこちらからしゃべり過ぎて〝いけない、いけない〟と後から反省するようなことが減らせます。

話したい話をしてもらう

子どもから相談されたりすると、大人はすぐに私が何とかしてやらなくちゃと問題解決マンになりがちです。あるいはついつい張り切って話をリードしてしまいます。そういうこちらが前のめりになって余裕がない状態だと子どもは自分の話をすることができません。あるいは大人が何だか忙しそうだな、と感じたら、子どもは遠慮してしまうものなのです。

そこで、できるだけ子ども自身が話したい話をしてもらえるような工夫が必要です。そのためにはできるだけ質問をしないで聴くことに徹することです。特に話し始めたところでは、色々こちらから尋ねたくなる気持ちを抑えて、子どもの声を（ちょっと大げさに言えば）全身全霊で受けとめるように集中します。

子どもにこの対話の主人公は自分なんだ、ということを実感してもらえるような聴き方が必要です。たとえ何か困って電話をかけてきていたとしても、こちらが中心になるのではなくて、あくまでも子どもが中心で話したい話をしてもらうというスタンスがどれくらい貫けるかが鍵になると思います。

中にはウィンドウ・ショッピングをするような子もいます。「NARUTO の新しい巻出たけど読みましたか?」「今日、帰り道で大きなアリンコみつけたよ」「ももクロって元気だから好き！」となにげない会話から始まって、いろいろ展開するのかなあと聴いていってもそのまま終わってしまうことがあります。なんとなく話がしたかっただけかなと思っていると、同じ子がかけてきて、今度は全然違う話が始まって、悩みや相談ごとがいっぱい話されるという場合もあるのです。そうすると、前の電話は、この電話は自分の話をちゃんと聴いてくれそうかな、優しそうかな、大丈夫かなとウィンドウ・ショッピングのように下見していたのかもしれないなと思います。初めからそういうつもりではなくても、結果としてウィンドウ・ショッピングで終わることもあるし、ついついたくさん話しているうちに、言いたかったことを忘れてしまう子もいます。それでも、話す子どもが主体になって、自分が話したいことを話してもらうことが大切だと思います。やっぱりたくさん話してくれるとうれしいので、何でもないような話でも丁寧に聴きたいです。

身体を合わせる

スポーツの運動神経と同じではないかもしれませんが、聴くことにも反射神経のようなものを働かせたほうがうまく寄り添っていけるように思います。まずは何と言っても呼吸です。相手の息づかいを感じながら、少しずつそれに合わせていきます。合わせていると相手の怒っている気持ちや落胆した気持ちが何となく伝わってくることもあります。例えばしゃくりあげるように泣きじゃくっているとき子どもは、合間あいまに「ヒーッ」と息を吸いながら泣きます。そのタイミングに合わせて、こちらも大きく息を吸って一緒に静かに「フーッ」と吐くようにしていくとよいです。一緒に肩も上下させたりして、自分も泣いているような身体感覚を実感しようとつとめながら、聴きます。そして、寄り添い見守りながら、少しずつゆっくり収束させていくようにするとよいと思います。これは実際目の前で泣いている子に寄り添うときにも有効です。

それからときどき電話をかけながらうなずいたり頭を下げたりしている人がいますが、あの〝うなずく〟というしぐさもやっぱり役に立つように思います。たとえ相手に見えていなくても、こちらがうなずいたり悲しい顔をしたりして、相手の気持ちに寄り添おうとする身体の動きや表情はわずかでも子どもに伝わって、そばにいると感じてもらえるように思います。

イメージとしては、子どものそばに寄って、一緒にしゃがみ込んだり、じっと横に座ったり、とぼとぼと歩いたりする感じになりたいです。遠い目標としては、一緒に歌を口ずさんだり駆けたりできるようにまでなったらいいなあと思います。そういう二人を外から眺めたら、どちらが誘っているのかリードしているのかわからないくらい一体感がもてたらいいなあと空想します。その第一歩として呼吸を合わせたり、身体を合わせたりしながら、つながりを作る工夫をしていきます。

声を合わせる

誰が聴くのかにもよりますが、子どもの声にこちらの声を少しずつ合わせて聴きます。特に私のような大人の男性は、子どもの声に合わせていく努力をしないと、子どもが一瞬怖がって電話を切ってしまうかもしれません。そういう元の声の質だけでなくて、子どもに安心感をもって話をしてもらうためには、特に話し始めのしばらくは、声の高低、スピード、強弱、明るさ暗さなどを子どもに合わせていったほうがスムーズに会話が流れる場合が多いです。

低学年の女の子が「もちもち」と話しかけてきたら、少し高めの声で「はい、なあに」と柔らかく応えますし、声変わりした高校生の男の子が低い声で「ちょっといいですか」と尋ねてきたら落ち着いて「はい、大丈夫ですよ」と応えます。「えっと～……あのお～……」とゆっくりな子には、こちらも「う～ん、ゆっくりいいよ～」と合わせていると、慌てずに話せるので、子どもに話しやすいペースが出てきます。重たく暗い内容でポツリポツリと話されるときには、こちらも下腹に力を入れて重心を低くする感じで少し声に力をこめて応えるとよいと思います。それから早いペースの子には、意識してギアチェンジしてスピードを上げてついていくようにします。そうしたほうが子どもが自分のペースで話したいことを話してもらえるように思います。

あいづちのバリエーション

会話が流れるように進んでいくためにはリズムが大事です。そのリズムを作っていくのにあいづちがとても役に立ちます。しっかり聴いていますよ、というのを子どもに確認してもらいながら話したほうが流れがよいです。あいづちは歌でいうと手拍子とか、民謡の合いの手、バンド演奏のドラムあるいはベースに相当するかもしれません。やっぱり手拍子があったほうがノリが良いですよね。子どもの雰囲気をつかみ、その雰囲気に合わせながらうまくあいづちが打てると、子どもも自分の話すリズムを作りやすいと思います。

基本的には肯定的な「はい」「うん」「ええ」を子どもの話の区切りで挟んでいくと話がスムーズに流れます。「はいはい」「うんうん」「ええええ」の繰り返し、「は〜い」「う〜ん」「え〜」という伸ばし等様々な個性豊かな使い方があると思います。「そう」も色々な使い方ができます。「そうそう」「そうね」「そうか」「そうだね」「そうなのね」「そうだよね」「そうなんだ」「そうだろうね」「そうきたか」「そりゃそうだ」と広がりがあります。これに加えて間やイントネーションも多様ですから、いろいろ工夫して自分のあいづちのスタイルを作っていくとよいと思います。そして子どもの年齢や性別、性格、話の内容に合わせて微妙に調整して対応できるように豊かなバリエーションのあいづちを身につけたいです。

また、知らなかったり驚いたりした話を受けとめるとき「ほんと」「えっ、ほんと」「ほんとなんだ」と使いますが、話し始めでまだまだ関係ができていないときには、「ほんとなのお？」とか「ほんとかなあ？」という疑問形を使うときは注意が必要です。こちらがびっくりしてる、まるで信じられないということはあると思いますが、それをあえて疑問形にしないで受けとめたほうが、ちゃんと聴いてくれているという感じになります。ですから「ほんと」と同じ驚きを示すという意味で逆の使い方である「うそ」「うっそ～」というのは、よほど話がはずんで盛り上がったりしなければ使わないほうがよいと思います。

「なるほど」を上手に使う

そこで上手に使いたいのが「なるほど」です。「信じられない」こと以外にも子どもはこちらがなかなか受けとめにくい様々な話をしてきます。人の好みや考え方や価値観は本当に様々で、自分との距離感や軽重に大きな開きがある場合があって、軽く受け入れられることもあれば、そうでないこともあります。饅頭のあんがこしあんかつぶあんか、という話はどちらでもよくても、子どもが納豆にマヨネーズをかけるという受け入れられないとか、プロ野球でパ・リーグのことはどうでもよくても、セ・リーグのことには自分の意見を言いたくなるかもしれません。いじめの話はすんなり聴けても、体罰の話になると受けとめられない場合もあります。「まさか」「大袈裟だろう」と軽くみる人もいれば、「絶対許せない」と過度に熱くなるかもしれません。いずれにしても「うんうん」とそのまま聴けなかったりします。

そういった内容の話を受けとめるときに「なるほど」というあいづちが役に立つことがあります。「男子ってみんなアイドルが好きですよね～」「なるほど、そう思うんだ」、「とんこつラーメンって臭いでしょ！」「あ～なるほどね」、「腐女子ってキモいと思いません？」「ああ、なるほどキモいって思うんだ」と必ずしもその通りだと思わないことでも、「なるほど」を使うと、とりあえず子どもの話を否定せずに受けとめることができやすいです。

「でも」「だけど」「しかし」は使わない

そしてできるだけ使わないで話を聴きたいのが、否定の接続詞「でも」「だけど」「しかし」です。しばらく話して友人や知り合いのようにくだけた話ができるようになったら、

「でもやばいんじゃない」とか「そういうけど、大人は心配かもね」と言っても話し続けられる場合もありますが、やはり注意深く丁寧な関係作りを進めることを考えると、できるだけ避けたい言葉です。

子どもたちは、日常生活でなかなか自分を肯定的に受けとめてもらうことが少ないです。日頃の会話などでも「でも」「だけど」「しかし」と言われて、なかなか自分の気持ちや考えをストレートに表現する機会がもてない子が多いと思います。せめて、今日は話そうと思ってきてくれたときくらいは、しっかりと自分を出して、話してもらいたいのです。ですから、特に話し始めのうちは、「でも」「だけど」「しかし」は御法度だと思ってほしいと思います。

こちらのことを尋ねられたら

「あの～お兄さんって何歳ですか」「あなた結婚しているんですか」「ここで話したことは秘密ですか」というように、あれこれ質問してくる子どもがいます。こういう質問にどう答えるかは、それぞれの相談機関や窓口によって対応は異なりますが、基本的には「あ、個人的なことは答えないことになっているの」とか「そういうことには答えられないルールなんです」と実際には答えない場合が多いと思います。特に話し始めのときは、子どもが抱えている不安や心配の現れだと考えて、それを受けとめることに努めます。

あんまり若かったら（逆に歳の差があったら）、自分のことを理解してもらえないんじゃないかと不安だったり、若い女性に性の話をしてよいものかどうか心配していたり、話が学校や親に知られるのではないかと恐れている、のかもしれません。そういうときは「自分のことはわからないかもしれないって不安かなあ」とか「心配なんだね。何が一番心配？」というように不安や心配の具体的な内容を尋ねていったり、しっかり「秘密は守るよ」と言って、不安や心配を払拭するように努めます。

中には、初めから「どうせ信じてくれないんでしょう！」とか「馬鹿にするに決まっているんだから！」というように、攻撃的だったり被害的な言葉を投げかけてくる子どももいます。そういうときは電話をかけてくる前にあるいは以前に何かトラブルがあったのではないか、と考えられます。それが前の電話でのことなのか、今日の学校でのことなのか、親がいつも言っていることなのか、いずれにしてもいま話し始めたこちらが原因ではない場合がほとんどですから、どういうことがあったのか尋ねるようにします。「何かあったんだね。話を聴かせて！」「信じてもらえなかったんですね」「いつも何か言われるのかなあ」。そう言っても、怒りや不満の気持ちがすぐに収まらないときもありますが、辛抱強くその背景にある怒りや不満の原因になったできごとや経緯について聴いていきます。

別のパターンでは、子どもが話したいことについてこちらに尋ねてくることもよくあります。「缶ケリってしたことありますか?」「お雑煮って食べますか?」「ロン毛ってどう思いますか?」。こういう質問は、ただこちらの考えや習慣や経験を尋ねたいこともありますが、多くの場合は、それについて自分が話したいことがあるのです。ですから「よく缶ケリして遊んだなあ、小学校のときね……」「うちの雑煮はとっても贅沢なんですよ」「ロン毛って似合う人とそうじゃない人がいるでしょう」とこちらの話を始めてしまうのではなくて、「あのジュースなんかの缶でするあの遊び?」「お雑煮ってお正月に食べるお餅が入ったの?」「ああ髪が長い人のことかあ」と尋ね直したり考える様子で待っていると「缶ケリで私いっつも鬼になるんです」「お餅苦手なのに食べろって厳しいんです」「私の彼がロン毛なんです」と子どものほうから色々話を始めてくれることが多いのです。

ワンダウンのスキル

ときどき、一～二回の何かのトラブルだけが原因というよりも、慢性的な問題や理不尽な環境で生活していて、怒りや不満の気持ちが一気に溢れ出すように、こちらの受け答え一つひとつにからむようにしてくる子どもがいます。「ずっとつながらないのはわざとしてるんでしょう」「なんでおばさんなんですか、若い人はいないんですか」といった感じです。電話をかけてくる子どもでとても自己肯定感が低くなっている場合があるので、その低くなっているところにこちらが合わせていくことが必要な場合があります。「やっとつながったんですね。すみません」「ごめんね、若い人じゃなくて」とすぐ謝る場合が多いです。ここで「一日〇〇件のたくさんの電話がかかってくるのだからしかたがないでしょう」とか「私はまだ二〇代なのにおばさんの声に聞こえる？」と張り合っても火に油を注ぐようなことになりかねません。謝る場合も、なるほど期待に添えなかったとか思っていたことと違っていたということだけに絞ってさらっと謝ります。不必要に何でもかんでも謝っていると、かえって怒りのモードが高まってしまうことがあるのです。

それから子どもが明らかに事実と違うことを言うときもあります。何か勘違いしていて、こちらがそれを訂正すると「ああそうか、幕末には写真ってあったのか～」とか「えっ女の子って一六歳から結婚できるんですか、知らなかった」とか「スバルって星の名前なんだ～」とさらりと納得してもらえるときもありますが、頑固に主張して全く譲ってくれそうもないこともあります。そういうときは、こちらの考えは置いておいて譲ります。二～三回やりとりをしても強い感じで主張するときは、「そうか～、雑誌で読んだんだね」とか「おねえちゃんが間違えて覚えちゃったかもしれない」とか「それは後でネットで調べてみるとして、それで～」と相手の話の腰を折らないように気をつけて、話の続きをしてもらうようにします。

もちろんこちらが知らなかったり間違っているときもよくあります。「プリキュアはPretty と Cure の合体なんです」「沖縄って明治に琉球王国から日本になったんですよ」「ああ、知らないと思うけれど、RPGっていうのは対戦車用の兵器なんです」「いばらぎじゃないです、いばらきです」といろいろ教えてもらいます。よくわからなかったり、受け入れにくいときもありますが、〝あれ～そうなの～〟とか〝そうだっけかなあ〟〝そうなんだ～知らなかった～〟とできるだけ素直に受け入れます。

表にでないもの

怒りなどの感情が吐き出されて、こちらにぶつけられることもあれば、反対にほとんど感じられないこともあります。感情的なものが感じられないからといって、決して感情がないのではないということを知っておいてほしいと思います。子どもの感情（気持ち）を捉えようとするときに、うれしい楽しいというポジティブな感情や悲しい苦しいというネガティブな感情と、それらがいろいろ混ざった感情があるという見方だけでなくて、表現されている感情と表現されていない感情があるという視点も必要になると思います。プラスでもマイナスでもないものは、0（ゼロ）と考えがちですが、そうではなくて、プラスとマイナスが拮抗して、外から見たらプラスマイナス0（ゼロ）になって見えているのかもしれないのです。

大きな声で「苦し〜助けて〜」とか「あったまきた！」とか「聞いて聞いてお兄さん、悔しいんです」という激しい感情を受けとめることもそう簡単ではありませんが、こちらは〝ああ苦しいんだな〟〝頭にきたのか〟〝よっぽど悔しいんだろうな〟と気持ちを想像して合わせていくことが比較的できやすいです。しかし感情的なものを表に出してくれないと、どう合わせたらよいか、寄り添ったらよいかわかりにくいです。

例えば、いままでにあったことを冷静に語る子もいます。それだけのことがあったら、相当な痛みがあっただろうなと一瞬思っても、あんまり冷静に話すので、こちらもついつい事務的に事実関係を押さえておこうという感じで聴いてしまったりします。あるいは「とてもつらかったです」と感情を交えずに淡々と言う子もいます。また「悲しいとか悔しいとかいうよりも、相手のことが可哀想になりましたね」とひと捻りした大人な収め方をしている場合もあります。きっとどこか感情的なものを抜きにしたり薄めないと語れなかったり、そうしないと日常生活を送っていけないのだろうなと思います。こういう感情的なものがわずかしか伝わってこなかったり、全く感じられない場合でも、きっと奥に何か隠れているかもしれない、〝感じられないからといって何もないのではない〟と想像力を働かせながら静かにそっと近づくように寄り添って聴いてほしいのです。そういうときは「もしかしたらとっても辛かったんじゃないかなあ」とか「お兄さんだったら悔しいって感じると思う」とか「胸をかきむしられるような感じがしたかもしれない」というように、その子の心の奥底にある気持ちをすくい上げるように言葉にしていく努力をしたいです。

リフレクションの大切さ

おうむ返し、エコー、リピートと呼び方はどれでもよいのですが、相手の言葉を繰り返すスキルのことです。「今日傘がなくて濡れちゃったんです」「濡れちゃったんだ」、「明日の給食苦手な魚なんで行きたくないんです」「給食苦手な魚なんですね」「先生が好みの子をえこひいきするんです」「えこひいきするんですね」。こういう丁寧なリフレクションが、子どもとの関係を作るのにとても重要です。一番の目的は、子どもにちゃんと聴いてもらっていると実感してもらうことにあります。話を聴いていると、どうしても集中力がとぎれることがあります。あるいは、話から連想が起こって自分の過去のことが思い出されたり、明日の予定が気になったりしてしまいます。しかし相手の言うことを丁寧に繰り返しながら聴いていると、よけいなことを考えずに集中することができます。

特に話し始めの頃は、集中してリフレクションしていくのですが、気をつけなければいけないのは、微妙に言い換えたりしないであくまでそのまま繰り返すことです。「今日帰り傘がなくて濡れちゃったんです」「傘忘れたんだ」、「明日の給食苦手な魚なんで行きたくないんです」「魚が苦手なんですね」、「先生が好みの子をえこひいきするんです」「先生ができる子をひいきするんだね」こういう微妙な言い換えは、子どもにとって、ちゃんと聴いてもらっていないと受けとられかねません。そのときはあんまり違和感は感じないけれどだんだん黙ってしまうかもしれません。そうすると、こちらが沈黙を埋めたくなって不要な質問を始めたり意見を言い始めたりして、気持ちを聴くことから離れてしまいます。あるいは何となく嫌な感じがして話を変えてしまうかもしれません。どういうことかというと、子どもは、予報でも雨が降るって言っていなかったから〝忘れたんじゃない〟、魚が全部苦手じゃなくて〝苦手な魚〟があるだけ！、できる子じゃなくて〝好みの子〟なの！、とこちらの微妙な言い換えに対して溝を感じているかもしれないのです。場合によっては電話を切ったりします。子どもは自分の話をそのまま受けとめてほしいのであって、大人が勝手に内容を変えたりはしてほしくないのです。

リフレクションのハイスキル

話が進んでくると流れに合わせてリフレクションを減らしていきます。ただその数を減らしていくというよりも大切に使っていくようにします。その対象はやっぱり気持ちに対してです。なかなか言葉にできにくい気持ちを表す表現が出てきたらすかさず「苦しかったでしょうね」「そりゃヒヤヒヤだ」「ああ、ぼう然となったんですね」と丁寧に繰り返します。そうするとそのときは、感じられなかった、あるいは余裕がなくてスルーしていた強い感情が初めてのように体験し直す感じになったり、いっぱい感じて昇華されてすっと終わっていく感じになったりします。

それだけではなくて、リフレクションには話を深めるハイスキルがあります。リズムにのってうまいポイントでリフレクションを続けていると、特に質問したわけではないのに、子どもがいままで話していなかったエピソードやずっと過去にさかのぼって経緯を話し始めることがよくあります。

そのポイントの一つが数字です。数字には何らかの強い思いが隠れていることがよくあります。「そのお正月はお年玉三万円だったの」「三万円なんだ～」「……うん、そうなんだ、二万円は去年死んだおばあちゃんで一番たくさんくれたの。おばあちゃんはね……」

あるいは「ケーキ五個食べたらお腹壊しちゃった」「ご、五個なの」「そう五個……ってい
うか、無理やり食べさせられた。無理って言えなかった」というように、強い思いととも
に奥にしまってあることが出てくることがあるのです。そうしたら場合によっては「おば
あちゃんが死んだときはどんな気持ちだった」「五個も食べたときはどんな気持ちだった
の」と気持ちに寄り添っていけるかもしれません。

二つめは固有名詞です。人や土地や建物などの名前が出てきたら、リフレクションしま
す。「那覇から帰ってきたら風邪ひいてしまって」「那覇から?」「ああ、うん、おじいさ
んの家は沖縄なの、私が二歳までは住んでた」、「昨日はあゆに行って遅うなって、今日起
きられへんかった」「あゆに行ったんだ?」「そう、大阪城ホールでのライブ、あゆめっち
ゃ癒されるよ」。固有名詞からは何か背景にあるものや大切にしているものがちらりと顔
をのぞかせてくることがあります。そこから、いままで話してくれたことでこちらが感じ
ていた〝なぜ〟がわかることもあるのです。

三つめは少し説明しにくいのですが、ちょっとした違和感のようなものを感じたときの
言葉です。「ピアスの穴、お母さんの田舎の習慣だからって説明しても、先生がわかって
くれないいんです!」「田舎の習慣なんだ」「そうなんです! お母さんの国はシンガポール
なんだけど、中国系なので私がハーフって信じてもらえないんです」。こういうとき、「ピ

アスの穴」「田舎の習慣」「先生がわかってくれない」のどれに反応するかは聴く人によってそれぞれです。どの反応が正しいというのもないと思います。何か変だな違うなと思って反射的に繰り返すと、そこからパッと話が展開することがあるのです。そして何かうまくいったなと思うときというのは、こちらが子どもの話の流れに乗れて、自然に反応できたときのように思います。リフレクションのタイミングを逃すと話は展開しにくい感じがします。

「昨日教会に行って学校休んだから家庭科ができなかったんです。調理だったからやりたかったんです」「ああ教会に行ったのね」「ええ、毎月新幹線に乗って行くんだけど、学校休みたくない日もあるの！」。この場合も反応するのは「学校休んだ」でも「家庭科ができなかった」でもよいのでしょうが、一瞬〝あれっ教会って日曜なんじゃないかな？〟と思って「教会」に反応したら、そこから家庭の事情が語られ出しました。〝あれ〟何か変だな、なんだろうという言葉をリフレクションすると、結構複雑な事情が浮かび上がってくることがあります。子どもは大人社会の都合や矛盾や葛藤などの狭間で、困難さや不都合さやわけのわからなさを感じながらも一生懸命生きていることがよくあります。そういうなかなか一人では抱えきれない子どもの気持ちを受けとめてやれると、少しずつですが子どもたちが現実に立ち向かっていく力になると思います。

うまく波長が合ってたくさんお話ができたりして、最初おどおどしていた子どもの声に元気さが出て明るい感じになったりすると、こちらもうれしくなります。そういうとき、まだまだ油断しちゃだめだと思いながらも、〝人しれず微笑まん〟と自分の中で小さくガッツポーズしたくなる瞬間があったりします。そして話し終わった後に、仲間にこんなことがあったよ、と報告するときが何よりうれしいひとときなのです。

「ちょっと待ってね」

違和感といえば違和感だけれども、子どもの話がもっと〝あれっ〟とわからない感じのときに一歩進めたリフレクションとして「ちょっと待ってね」あるいは「え、ちょっと待って」を加えて使うことがあります。これはあくまでも子どもが言ったことが違っているとかおかしいというのではなくて、こちらがしっかり聴き取りきれなかったり把握しきれなかったのでもう一度お話して下さい、というスタンスで使います。そうしないと、子どもは自分が否定されたような気持ちになってしまいます。もっとしっかりあなたのことを知りたいんです、という態度が子どもにも伝わるように丁寧な言い方を心がけたいと思います。

「弟のためにバイトの帰りにおかず買っていくんです」「え、ちょっと待ってね、こんな遅くにおかず買っていくんだ！」「ああ、おかずって明日の弁当です。弟と二人暮らしなんで。ビンボーやけど、弟の弁当は豪華にして友だちの前で恥をかかせんようにしてやりたいんです」。〝ちょっと待ってね〟をつけてリフレクションしているのですが、「そこのところを説明して」と言わなくても、子どものほうから状況を説明してくれる場合が多いです。そこにはやはり子どもたちの苦労、困難、工夫、チャレンジ等やそれにともなういろいろな気持ちがたくさん隠れていることが多いです。そして出てきた話から実際の生活している姿が伝わってきて、こちらもイメージを思い描きながらより集中して聴いていけるように思います。

「へ～」

大人の話を聴くときには「ほー」と受けるとよいと言われますが、子どもの話を聴くときにはよく「へ～」と受けながら聴くことがあります。そんなことがあったのか、珍しいね、すごいなあ、やばいなあ、驚いたなあ、やったね、というような思いをこちらがすぐに言葉にできないときでも、この「へ～」で相手の話の内容にすぐ反応して〝感嘆！〟のリアクションで応じた感じになります。そうすると、子どもはリズムよく話を広げたり深めたりしてくれます。

この「へ〜」をこちらが発するときというのは、よく子どもの側が実はこの話をしたかったのだ、という場合が多くあるので、「夏休みのキャンプでお兄ちゃんと一緒にオオクワガタ捕まえたの」「へ〜そうなんだ〜」と返したりすると、ああ信じてくれるんだ、ちゃんとわかってくれるんだ、と距離が近づく感じのする子が多いです。しかし何か心配しながら話してきたり、微妙に探ってくるようなときは使い方に気をつけたほうがよいです。「ぼくのランドセル緑色で弟が茶色なんです」「へ〜そうなんだ」「あの〜やっぱり変ですか」「え、なになに変だって言われるの？」「う〜ん、そうじゃないんですけど、学校で二人だけ緑と茶なんです」。自分はおかしいのではないか、あるいはいま何か変なことを言ってしまっていないかと不安になる子がいることも知っておいたほうがよいです。

代わりに怒る

自分の気持ちをちゃんと感じたり言葉にして表現できない子に対して、こちらが代わりに怒ったり悲しんだりすることもあります。心身ともに余裕がなく忙しい日常を生きている大人に接している子ども、特に柔順でおりこうさんタイプの子どもは、大人に心配をかけてはいけない、手を煩わせてはいけないと、感情を押し殺して生活している場合が多いです。そういう子と話をしていると、経緯は聞けても実際のその場の雰囲気や様子が伝わってこないのです。それは、その子がどんなふうに感じているのかが伝わってこないから だろうと思うのですが、どうも伝わってこないだけではなくて、その子自身が気持ちを十分に感じられていないのではないかと思うのです。

そういうときは、こちらが「お話を聴いているとおばさんのほうがムカムカしてきた」「なんか泣きたくなってきたよ」と言ったり「体が震えてきた！」「目がウルウルなってきたよ」あるいは「バカヤローって言いたくなったよ」「許せん！」「ひどいなあ」と、子どもの代わりに怒ったり嘆いたり悲しんだりします。そうすると、子どもは「え、そんなに怒るんですか」とか「泣いたりするの」と大人な対応で返してきたりします。こちらが感情をたかぶらせているのに子どものほうが冷静に応じるので、変な感じがしたりしますが、「うん、そうだね、ムカムカする」と答えたりします。あるいはこちらの反応にクスクス笑ったり「大人なのにバカみたい！」と冷静で客観的だったり大人な反応でも少し感情を出してくることもあります。こちらが子どもの気持ちになって感情を露わにしていて、子どものほうが大人の立場で見ているという、本来の姿とは逆の、しかしその子には日常の状況を示す感じになります。きっと子どもたちは、極端に感情を押し殺した親の元で暮らしていたり、逆に感情のままに振る舞う大人の影響下で冷静沈着な日常を生きることを余儀なくされているのではないかと想像されます。

そこでこちらがやろうとしていることは、一つのモデルを示すことです。実際に怒ったり悲しんだりする姿を見せて、そういうふうにしてもいいんだよ、というメッセージを届けたいのです。感情を押し殺して自分を閉じて生活している子どもにも、気持ちを感じていいんだよ、言葉にして表現してもいいんだよ、と少しでも体感してもらいたいのです。

しかし、それは〝してもいい〟のであって、〝しなければならない〟のではありません。従順でおりこうさんタイプの子どもは、得てして大人に言われたことはそのまま守らなければ、しっかりやらなければ、と受けとめてしまう場合があります。ですから、こちらから「もっと怒っても当然だ」とか「気持ちを表現したほうがいいよ」と言葉で言うのではなく、代わりに怒ったり悲しんだりして、子どもに見てもらうようにするのです。

そのためには、こちらに冷静に自分の状況を観察する視点も必要です。この子は感情を押し殺して自分を閉じて生きているのかなあ、と感じて少しずつでもモデルになるようにと、意識的に気持ちの表現をしてみるのです。そういうときは、こちらのバランスが取りやすいです。いわば子どもの気持ちになって少しわざと怒ったり悲しんだりしているので、自分を取り戻すのも比較的容易にできるのですが、子どもからあまりにもひどい話を聴いて、実際にこちらが怒りに震えたり泣き出したりした場合には、自分自身が激しい感情に支配されてしまいます。そういうときには自分の状況に早く気づいて、どこかで自分を取り戻すことにエネルギーを注がないといけません。

「なんで」「どうして」は避ける

子どもは日常生活の中で、大人やきょうだい、友だちなどから「なんで（なぜ）」や「どうして」という言葉を投げかけられて困っていることが多いです。例えば膝小僧をすりむいて足を引きずっていると、「どうしたの」とか「なんで～」と尋ねられると思います。この場合、尋ねるほうは「どういった理由で」とか「経緯は」という意味で聞いているのですが、子どもが小さい場合は特に、もっと細かく分けて尋ねたほうが子どもは答えやすいです。「いつ」「どこで」「だれが」「なにを」「どのように」をそれぞれ別の質問として尋ねていくと子どもは結構答えられる場合が多いです。しかし、「なんで」「どうして」と尋ねられると、一度に説明できないし、何か上手く答えられない自分が悪いような気分になりがちです。「忘れものをした」「遅刻した」「ガラスを割った」「給食をこぼした」など、ネガティブなことがあったときに言われる場合が多いので、何か責められている感覚になりやすいのです。ですから、「なんで」「どうして」ではなくて、「いつからなの？」「どこでのことですか？」「誰か一緒だった？」「何のゲームソフト？」「どうやってドアを開けたの？」と言うようにできるだけ具体的に尋ねたほうがよいと思います。

「わかるよ」「大変だったね」は要注意

話をしていて、何でもかんでも「わかるよ」と言われたら、そうそう〝わかるはずない〟とか〝あなたにそう言われたくない〟と感じるのではないでしょうか。ですから、一般的には自分が使うときは相手との関係を考えて使います。中には「わかるわかる」を口癖のように連発する人もいますが、だいたいは気心が知れた関係だったり付き合いが長かったりする人にしかそういう使い方はしないのではないかと思います。ところが、子どもが相手になると油断して使ってしまうことがあります。確かに子どもは大人ほど〝わかるはずない〟とは思っていませんが、それでもまわりに理解されないで散々苦労している子どももたくさんいます。もっと根本的には、私たちは子どものことも、いや大人のこともそうそうわかるものではないですよね。一〇〇%はわからない前提で、でも、少しでもわかりたいと思って聴かせてもらう、という姿勢を貫きたいです。それで「わかるよ」を使うことには注意深くありたいです。

また子どもが大波小波を超えてがんばってきた話を聴いたりすると、すぐに「大変だったね」と言いたくなってしまうのですが、そこはぐぐっとこらえて、その大変さの中身の話にしっかり耳を傾けていくようにしたほうがよいです。それは大人社会を中心に、何かあったときに「大変でしたね」という挨拶言葉で一言お見舞いを言うという習慣があるからです。子どもも「大変だったね」と言われると、一応一言言ってもらったからもうこれ以上は言わないでおこうと遠慮してしまう可能性があります。使うとすれば「大変だったね」で止めずに、加えて「詳しく聞かせて」「実際どうだったの？」というように、続けて具体的な話がしやすいように進めるとよいと思います。

秘密を守る

自分の話したことが親や学校に知られるのではないかと心配する子どもは珍しくありません。多くの子どもが現実の社会で接している大人は親と学校の先生がほとんどです。親戚やご近所、塾や習い事で接する大人がいる子もいますが数は少ないですし、そういう大人は必ず親と何らかの形でつながっていますから、子どもは大人はみんなつながっているイメージをもっていることが多いです。親に心配かけたくない、あるいは先生に知られるとよけい面倒になるなどの理由で不安を訴える子どもは多いですから、しっかりと「秘密は守るよ」と言ってあげる必要があります。

また子どもが他の子どもがどんな様子か尋ねてくる場合があります。どんな相談があるのか、自分の相談は特別なのかを知りたがったりするのですが、数多くある一般的な傾向や公表しているような数字や内容は答えても、具体的に聞いた子どもの話などはしません。具体的な子どもの話をすれば、自分の話も誰かに話されるのではないかと不安が広がってしまう可能性があるからです。

最初から最後まで

とにかく話が長い子がいます。簡潔に説明できない場合もありますが、伝えたいことが本当にたくさんある子がいるのです。ずっと以前のことから順々に話していかないと気がすまない子、実にいろいろ複雑な事情が絡み合っている子もいます。そういう話をじっくり腰を据えて聴いてあげると、「本当に聴いてもらってスッキリしました」という子もいます。いままで誰にも話の最初から最後までもれなくちゃんと聴いてもらえたことがないのだろうなあと思います。この最初から最後までもれなく、話し切る出し切る、というのが、子どもにとってとても大切なように思います。

というか、いまの子どもたちを見ていると、思いっきりとか、腹いっぱいとか、クタクタになるまで遊んだ〜というような経験がほとんどないのではないかと思います。私は小学生の頃、夏休みに朝のラジオ体操に行って、夕食まで帰らずこっぴどく叱られたことがありますが、いま子どもがそんなことでもしようものなら、捜索願いが出されるかもしれません。

そしていっぱい話したあと、フウッと息をつく子もいます。そういうときは「もっと話したいことがあったら話していいよ！」というと「今日は全部話した～」と声がフワッと開放された感じになったりします。こういう最初から最後までもれなく全部話すというのは、自分がとても大切にされた感じがするみたいです。そして次のステップに進めることが多いように思います。

繰り返される話

ある程度話を聴いて一通りの内容がわかったかなと思う頃、まるでループするように初めに戻って、また同じ内容の話が始められることがあります。そういうときは、こちらはちゃんと聴いているつもりなのだけれど、子どもからすると何か言いたいことが伝わっていないと感じている可能性があります。

たとえば、立て板に水というように一方的に話すタイプの子どもで、こちらがあいづちも挟めないほどペラペラおしゃべりしてくれると、こちらはついつい黙って聴き入ってしまいます。目の前に子どもがいれば、こちらが真剣な目でうなずいたりしながら聴いている姿を見てもらえるので、ちゃんと聴いていることがわかってもらえるのですが、電話だとそれを確かめてもらえないので、何かちゃんと聴いてもらっていない感じがしてしまうのだと思います。ですから、こういう子がペラペラおしゃべりしてくれるときには、そのおしゃべりに重ねるように「うんうん」「なるほど」「そうかそうか～」とあいづちやリフレクションしていったほうがよいと思います。

そして、やはり気持ちに寄り添って聴いていくことが大切です。次々に話されると、どうしても事実関係を追って状況を把握しようというモードになります。親が子に接する場合でも保育や学校の現場でも、やっぱり事実を把握することが最優先にはなると思います。しかしできれば、話の中で何らかの感情をともなったであろう体験があれば、「そのときどんな気持ちだった」と聴きこんでほしいのです。そこで「うれしかった」「楽しかった」「苦しかった」「しんどかった」などの気持ちが言葉になって交わされる会話になることが大切です。気持ちを言葉にすることができて会話が深まると、自分のことがしっかり伝わったと感じてもらいやすく、同じ話を繰り返さなくてすむかもしれません。

こちらがたくさん話すのはアウト

よその国ではどうかわかりませんが、日本ではどうも聞く人よりも話している人のほうが立場が上だということになっています。話の内容や実績がすばらしいというよりも、上の立場だから話をするという文化があります。会合や催し物のときの偉い人の〝ご挨拶〟を思い浮かべるとよいと思います。大人社会のそういう文化は学校教育の場ではもっと凝縮されている感じがします。日本の学校教育では対話やディスカッションが少なく、先生が話して子どもが聞くという一方的な授業が小学校から高等教育までずっと行われています。ですから子どもには、大人に対すると、ただ黙って話を聞くという習慣が身にしみついているのです。それで大人と子どもがいて大人が話を始めてしまうと、そこには自然と上下関係が生まれてしまい、子どもは一方的に話を聞く立場にまわってしまうのです。ですから大人の側が何か話をすると、対等な関係が基本的に作りにくくなることをしっかりと肝に銘じておく必要があります。逆にいうと、子どもが話すのを大人が丁寧に聴いていくことそのものが、対等感を作り出し子どものエンパワメントにつながると考えられます。

また人は聴いている時間は長く、話をしている時間は短く感じるのが普通です。それは実際に話すことよりも聴くことのほうがたくさんエネルギーを使うからだと思います。このことは自分ではなかなか自覚しにくいです。自分が人と話している会話を録音して聞くと、ハッと気づいて赤面する思いになることがありますし、となりで話をしている二人を横で眺めていて片方が熱くなって話しているのを見ると、ああなるほど「時間を忘れているな」と気づいたりします。

とにかくこちらがたくさん話しているのは、まず単純にダメな聴き方でアウトだと思ったほうがよいです。特に社会経験が豊富で、物事に対して定まった考え方やエピソードをたくさんもっている大人はたくさん話をしがちですから十分注意しなければなりません。私たちは、こちらから次に何を話すかではなくて、常に話している子どもの背景にある現実の生活をどれくらいリアルに想像しながら聴けるかのほうに注力する必要があると思います。

微妙な変化を見逃さない

どんな仕事でも小さな変化に気づいてすぐに的確に対応できるかどうかが良し悪しを決めていくと思いますが、特に人に関わる仕事は常に変化に気づくセンサーを磨くこととセンサーを増やしていく努力が必要だと思います。

「身体を合わせる」や「声を合わせる」のところでも述べましたように、特に話し始めの段階では、子どもの声の明るさや高さ、強さやスピード、間の取り方等にしっかりセンサーを働かせて合わせていきます。そしてそれらが次に変化するのも見逃さないようにしていく必要があります。こちらのことが安心できる存在だと思えるようになると、声が明るくなったり強くなったりスピードが速くなったり、逆にゆっくりになったりするかもしれません。あるいはこちらが的外れな質問をしてしまったら、何か言いよどんでいる感じがしたり、声が低くなったり、場合によっては沈黙してしまうかもしれません。そういうときは、すぐに「変なこと聞いてしまったかな？　そうだったらごめんなさい」と素直に尋ねてみたらよいです。いずれにしても声の変化は子どもの心情が微妙に変化して表れる場合が多く、こちらはそれに敏感に反応していけるようになりたいです。

声の変化以外に時間の変化があります。いまの悩みを話していたのに、それまでの古い過去の経緯に話がシフトしたり、その逆になったりすることがあります。特に低学年の子どもの場合は、現在と過去がしっかり区別されずに語られることがあるので、ときには「ああ、一年生のときにあったんだね」と確かめながら聴いていったほうが子ども自身もスムーズに話せることがあります。

また変化というよりも言葉の使い方ですが、子どもによっては主語を省略して話します。「バカって言って」「知らんって言って」「カバンを投げつけた」というように、続けて一人が言ったのか、前と後で言った人が違っていたのかわからなかったり、途中で違う人が入ってきたりします。あるいは「ママがね、えっと～ちゃんとしてたら買ってもらえるの！」というように話している人と聞く人の立場が入れ替わったり、何か途中の言葉が抜けてしまったりすることもあります。しかし、あんまり細かい内容一つひとつにこだわって質問するのはよくありません。だいたいどんなことがあったのかという全体の状況を把握しながら、ポイントで気持ちを受けとめられればよいと思います。

最初で最後

〝つながる〟ということについて、もう少し話しておきたいことがあります。一つは、その子どもと話すことが、あるいはその話を聴かせてくれることが、初めてかもしれないということです。よく一期一会と言いますが、勇気をふりしぼって初めて話してくれているのかもしれないのです。そういう最初の出会いをできるだけ大切にしたいと思います。話し終わって、ふと〝よく考えると、いまの話は誰にも話したことがない、初めて人に話したことかもしれない〟と思い返すことがあります。初めてだから、こちらのことがよくわかっていなかったから、とても緊張していたから、話がいま一つ嚙み合わないままで終わってしまったかもしれない、と気づくのです。ああ初めてだったのならもっとゆっくり丁寧に聴けばよかったなあ、と何度も反省してきましたが、また同じように反省することになるのです。それはどうも、こちらのつながろうという気持ちが薄くなっているときに起こるような気がするのです。ですから、この話は日頃なかなか話ができない子が勇気をもって初めてしてくれる、いままで誰にもしたことがない話かもしれないと思って聴けるように、自分自身に常にスイッチを入れ直すようにしたいです。

そしてもう一つは、その子どもと話すことが、あるいはその話を聴かせてくれることが、最後かもしれないということです。もしかしたら最初で最後かもしれません。もう二度と聴けないかもしれないということもときどき思い出して聴くことが必要だと思います。いつもそう思っていると緊張したりぎこちなくなってしまいますが、本当に大切な時間にしたいと思うのです。どうせ私のことなんか誰もわかってくれない……ダメかもしれない……でも、もしかしたら誰かわかってくれる人がいるかもしれない、という切なる思いで話してくれる子がたくさんいると思います。そういう子に〝やっぱりダメだった〟と思ってほしくないのです。

確かにこちらの力量には限界がありますし、相性もあります。うまく受けとめられないこともありますが、集中力をもって臨みたいと思います。写真家の星野道夫さんは「結果が、最初の思惑通りにならなくても、そこで過ごした時間は確実に存在する。そして、最後に意味を持つのは、結果ではなく、過ごしてしまった、かけがえのないその時間である」と言っています。縁あってというか、その子とある時間を共有できたことをかけがえのないものと感じられるように、へたくそでも何でも一所懸命に聴きたいと思うのです。

つながると流れ出す

ここまで述べてきましたように、工夫をこらし様々なスキルを使っていくと、少しずつ子どもとつながりを作っていくことができると思います。なかなか簡単ではありませんが、つながることによって、子どもの中に滞っていたものが流れ出してくることになります。それはときとして、まるで止まっていた時計に電池を入れて動き出したときのようだったり、モコモコと地中から蝉の幼虫が這い出てくるようだったり、いばら姫の眠りが覚めたらお城中のものがみんな動き出すようだったりします。そして、流れだしたものがこちらに届き、こちらからも流れて循環するようになると、あたかも血液が身体をめぐるように息づいてくる一体感を感じたりします。うまくいくと、子どもと一緒にダンスを踊っているように、軽やかなステップを踏んでいるような感覚になれることもあります。やっぱり人と人がつながって流れが起こると、いきいきと生きることに近づくのかなあと思います。

3

「どうしたらいいですか?」を受けとめるスキル

子どもとの関係を丁寧に作りながら、できるだけ気持ちに寄り添う聴き方をしていくのですが、子どもからはいじめなどの相談で「どうしたらよいですか?」という訴えにも似た質問が発せられることがよくあります。それだけとても困っているという表れだということですが、ときには〝特に困っている〟という話でなければ相談できない、あるいは話しにくいという子どももいます。本当に一人ひとり抱えているものが違います。その背景に必ずしも解決しなければならない問題があるわけではない場合もありますし、最初に話された〝困っている〟を遥かに超えた深刻な内容が後から語られるときもあります。この章では、そういう千差万別、背景に様々な可能性を抱えた子どもたちの声をどのように受けとめていくのかを具体的に述べたいと思います。子どもの話は順を追ってというわけにはいかないのが常ですが、できるだけ聴いていく順番を押さえながら話を進めたいと思います。

もう少し詳しく聴かせて

いじめや友だちなどとの人間関係に関する問題を抱えている子どもからの相談では、「○○でいじめられているんですけど、どうしたらいいですか?」という質問から始まることが多いです。子どもの切迫感にもよりますが、「いじめられているんですね」と受けとめて、一呼吸おいて「もう少し詳しく聴かせてください」と返します。どうしても何か相談ごとが持ち込まれると、一瞬緊張感を感じます。よほどのベテランでもなければ、何年やっても緊張感が起こるものです。それはまず子どもが緊張して話してきているので、その緊張感がこちらに伝染するのです。いままでに話したことがある子でもやっぱり緊張しながら話しかけてきますが、初めての子はかなり思いつめていることが多いので、その凝縮された強い感情がこちらに伝わるのだと思います。そして、大人として何とかしてやりたいという気持ちがこちらに湧いてくるために、ググッと緊張感が増してしまう場合もあります。その何とかしてやりたい気持ちが前に出てしまうと、よく聴いてもいないのに、「大丈夫だよ」とか「先生に相談してみた?」と前のめりになってしまいがちですが、慌てないことが大切です。もちろん冷たい感じや他人ごとになるのはダメですが、一緒に考えようね、という姿勢で温かく「もう少し詳しく聴かせて?」と投げかけていくと、子どもも少し落ち着いて状況を説明してくれることが多いです。

もう一つ押さえておきたいことがあります。それは「どうしたらいいですか?」と問いを発せられたら、聴いたこの私ができるだけ受けとめるということです。すぐに「保健室の先生に言ってみたら」とか「相談できる友だちいる?」とその問題解決を他の人に委ねるような言い方をすると、子どもからしたらちゃんと聴いてくれない、と感じてしまうかもしれません。忙しい大人社会の中で、子どもはいつも後回しにされたりたらい回しにされたりして寂しく感じているかもしれません。そんな中でも勇気をもって相談してきたわけですから、できるだけガッチリ受けとめる姿勢を示したいのです。

しかし、それは受けとめた私が解決してあげるということではありません。そこが難しいところですが、あくまでもしっかり聴いて受けとめるということが大事なのです。慌ただしい日常の中でしっかり聴いてくれる人、受けとめてくれる人がいない、いままで孤独にがんばってきた子どもが少しでも前を向いて歩んで行けるように「応援するよ、一緒に考えようね」という姿勢で臨みます。

話が進んで気軽にやり取りができるようになったり、子どもの年齢が高いときは、「もう少し詳しく聴かせて下さい」と言わずに「というと？」とか「というのは？」とか「それは？」と返して、話の流れを保ちながら、詳しく話してもらうように促すこともあります。あくまでも日頃話している感じや自然な流れで話してもらいたいので、改めて尋ねる感じにしないときに使ったりします。

困ったときの気持ちを聴く

そうは言っても「どうしたらよいですか」と尋ねられたのだから、やっぱり何か答えてあげないと不親切だと思われるかもしれません。実際後に述べるように必要な情報を伝えることはあります。しかし多くの場合は情報を伝えることだけでは、子どもが問題に向き合って解決していく力につながることになりにくいのです。例えば「仲の良い友だちに相談する」という方法を提案したとしても、気持ちが整理できていないと「どうせ無理」「やるだけ損」「言うだけ無駄」とやってみようという気持ちにはなりにくいのです。

ポイントはやっぱり何かしら困ったときの気持ちを聴くことです。いまの状況やこれまでの経緯を聴いていく中で「やっても成績が上がらないの」とか「レギュラーが取れないんです」などの壁にぶつかっている、「急に仲間外れにされたんだけど」「全然友だちが作れないよ」などの友だちとのトラブル、「お兄ちゃんがいつもたたく」「お母さんが絶対ゲームは買ってくれない」などの家庭でのこと、「男の子だけど女の子の洋服が着たい」「おちんちんの形が気になる」など自分の身体や性に関することなど、何らかのネガティブな場面や状況に直面している話がでてきます。そこでタイミングを合わせて「いまどんな気持ち?」「そのときどんな気持ちだった?」と寄り添っていきます。

以前のことであれば、多くの子どもはそういうネガティブな場面や状況で「どうしてよいかわからなかった」のです。そのとき味わってからずっと抱え込んでいる孤独感や無力感をちゃんと誰かに聴いてもらって、わかってほしいのです。そのときは、ほとんどあるいは中途半端にしか感じられなかった悔しい気持ちや心細かった気持ちを誰かと分かち合って、もう一度しっかり感じ直したいのかもしれません。もし、いままさにその気持ちならば、心ゆくまでしっかり話してほしいです。そこにそっと寄り添いながらしっかり聴いていくのです。

「〇〇だったらいいのにねえ！」

子どもは自分が〝困っている〟とは言っても、〝どうしたい〟〝どうしてほしい〟とは言えない場合があります。厳しい状況にずっと居続けたりすると、自分の思いや希望が何なのかすらわからなくなってしまうのだと思います。そこでこちらから子どもの気持ちをアドボケイト（代弁）して語ってみることで、「ああそうだ、（自分は）そうなりたいんだ」とか「（相手に）こうなってほしいんだ」と自分の気持ちに気づけることがあります。いじめでもめているクラスについて「もっと仲良しのクラスになったらいいのにねえ」とか、単身赴任でときどきしか帰って来られない父親に「家から通勤できる仕事だったらいいのにねえ」というように「〇〇だったらいいのにねえ」と希望を語ります。実際にはなかなか叶えられないかもしれませんが、自分の希望していることはこうなんだ、と感じている気持ちがしっかり形になることはその子が自分を取り戻す力になります。

そのときに注意しなければならないことは、こちらからは対象になる親や大人、先生や学校などを批判したり非難したりしないことです。「おじいさんひどいねえ」とか「そんなでたらめな店長さん辞めたらいいのにねえ」とか「刑務所みたいな学校だなあ」と子どもが感じているところを飛び越えて、こちらが勝手にネガティブなレッテルを貼るのはよくありません。そうではなくて「おじいさんがもっと優しく言ってくれたらいいのにねえ」「店長さんがバイトを公平に扱ってくれたらいいのにねえ」「安心して通える学校になったらいいのにねえ」と語りかけていったほうが、子どものエンパワメントになることが多いです。

こちらは絶対的な立場から状況を判定して何が正しいとか間違っているとかを決めるのではなくて、あくまでも子どもの立場に立って寄り添いたいのです。子どもは明日からもおじいさんと一緒に暮らし、店長のもとでアルバイトで働き、何とかその学校に通おうとがんばっているのです。こちらが子どもが生きる環境そのものである対象を強く否定してしまう言い方をすると、子どもは考えが混乱してかえってにっちもさっちもいかなくなるかもしれません。

子どもが批判したり非難したりしたい気持ちには寄り添いたいですし、かなりジョークが飛び出したり、大人の会話が楽しめる中高生もいるので、「スネイプ先生みたいだね」

とか「こんなときルフィーがいたらねえ」とか「協力してモンハンで戦いたいよね」とジョークやファンタジーで感想を述べることで子どもが「そうそう」と気持ちが軽くなることはあるかもしれませんが、特に低学年の子の場合は「○○だったらいいのにねえ」という希望を含んだ言葉に置き換えられるものは、そうしたほうがよいと思います。

チャレンジを支持する

「どうしたらいいですか」と何度も強く言われると、ついつい「ああしたら」「こうしたら」と提案したくなってしまうことがあります。「別の道を通って帰ってみたら」とか「着信拒否にしてみたらどうかな」とか「ダメって言ってみようよ」というように、こうしてみてはどうだろうと話しますが、往々にしてそういうことはもう試された場合が多くて、やってもうまくいかなかったという答えが返ってきます。そういう提案↓否定というやり取りを繰り返すパターンにはまってしまうと、だんだん取りつく島がないような会話になって、その後「やっぱり話してもだめかな」と子どもが何も話さなくなってしまったり、何を言ってもダメモードで終わってしまう可能性があります。もちろん何かを試してうまくいかなかったときに「どんな気持ちだった」と寄り添うモードへ切り替えてみることはできると思いますが、こちらに切り替える姿勢が定まっていないままやってもうまくいかなくて、「気持ちとかわからん！」と子どもがよけい投げやりになったりします。

こちらから提案するのではなくて、いままで子どもがどんなふうに問題に向き合って解決しようとしてきたのかを尋ねることはできます。「何かやってみたのかなあ」とか「いつもはどうやって切り抜けてるの？」とか「色々考えてやってみたこともあるんでしょう」あるいは「何をしてもダメだって感じだった？」と聴いていくと、その子なりに工夫したりチャレンジしてみたプロセスの話が聴けたりします。そういうときは「挨拶の仕方を色々工夫したんだね」とか「髪型まで変えてみたの、チャレンジャーだなあ」とか「そんなに早起きして行ったのか、すごいね」とやってみたことを〝いいね！〟と支持します。そういうチャレンジは子どもなりに自分で考えてやったことで、誰にも言っていないことがほとんどですから、話してもらったことをきちんと受けとめて、しっかり認めて応援したいよと伝えるわけです。

しかし、そういうチャレンジにもかかわらず、現実の問題が解決していないからこそ「どうしたらいいですか」という問いになるわけですし、実際にチャレンジしたこともうまくいかなかった場合が多いわけですから、そのときの悔しかったり空しかったりした気持ちに十分に寄り添っていきたいのです。

まわりにあるものを確認する

困った状況にあると感じている子どもは、自分には味方や助けになるものが何もないと感じていることが多いです。まるで何か真っ暗闇の中に一人でいるような感じすら伝わってきます。しかしよくよく聴いていると、色んなものがまわりにあることがわかってきます。どういうものかというと、自分の味方になってくれる人や一緒に過ごす友だちやときどき行く場所などです。そういう自分を支えてくれるものがあることがわかったら、そのような支えがあることがすばらしいというように返します。「叔父さんが味方になってくれるんだ！」とか「そうか、一緒に給食を食べる友だちがいるのかあ」とか「図書室は安心できて楽しく過ごせる場所なんだね」というように、まわりにあるものを一つひとつ確認していくと、何もなくて暗闇のように感じていたところにポッと明かりが灯るように、叔父さんや友だちや図書室が違った見え方をしてきて、ちょっと温かい気持ちになれたりします。

また楽しいことや打ち込めるもの、あるいは信じているものがあると、子どもたちの厳しい日常を支えてくれるので、そういうものがあることって素敵なことだねと話すこともあります。「いろいろあってもチョコ食べているときは幸せなんですね」とか「ピアノ弾いているときは元気になれるのか～」とか「毎朝お仏壇の前で手を合わせると守られているって感じるんだね」と、小さなものでも自分には支えになるものがあると確認できると、少しの間でも、自分もまんざらでもないと思えるかもしれません。

具体的なことを聴く

子どもからある考え方や価値観が示されて、こちらがそれをどう受けとめてよいか迷うことがあります。「やっぱり日本って学歴社会ですよね」とか「ネットオークションって危ないですよ」とか「若い男の人ってみんな草食系だそうです」とか「政治家ってみんな腹黒い人だと思うんです」など、何か大きなくくり方でものごとを捉えているようなのですが、どうも誰か大人や友だちなど人の意見を聞いたり、テレビや雑誌や本などでそういう考えに触れて自分の中に取り入れようとしているプロセスなのではないかという感じがします。

あるいは「女心と秋の空っていうの知ってますか?」とか「B型って変人ばっかりですよね」とか「自転車に乗れない子って運動神経ゼロなんだって」とか「夜爪を切ると早死するって本当ですか?」というように、その子が誰かから何か言われたりされたりしたネガティブなことがあって、不安になっているのではないかということもよくあります。

いずれの場合も、その考え方や価値観が正しいとか間違っているかということを話し合うよりも、その子がどういう経緯があって、その考え方や価値観のことをこちらに尋ねてみようと思うようになったかを聴いていったほうがよいです。例えば「ええっ、それってもう少し具体的なことをお話してくれますか」と尋ねます。そうすると、何かで情報を得たり、誰かから何か言われて、とても心配になったり不安になってきたことがわかってくることが多いです。

キーワードは〝具体的〟です。子どもが語る一般的な考え方や価値観が、一回の嫌なできごとからの教訓だったり、一人から聞いた話だったりします。しかし、そのことで子どもはとても気持ちが動揺したりしているわけですから、その気持ちを受けとめていくことが大事だと思います。そうすると、案外気になっている考え方や価値観があまり大きな問題ではなくなる場合が多いですし、また違った考え方もあると気づけたり、まわりにあるものが見えてきたりしやすいです。

相手のことを考える

仲良くなりたい友だちやいじめる先輩、怒鳴るお母さんなど、願っていたり困っているなど話題の中心になる相手のことについて、こちらからもう少し詳しく尋ねることもあります。比較的話し始めのときに、相手がクラスメイトなのか、いくつ上の先輩なのか、どんなふうに怒鳴るのか、といった具合に詳しく状況を知りたくて尋ねるのです。相手について基本的な情報を押さえて聴いていくことはとても重要なポイントになるからです。

早いうちに確認しておけば何でもないスムーズな会話になったのに、確認していなかったために、途中から噛み合わなくなってしまうことがあります。いろいろ話を聞いてもこちらがよく状況がつかめなくて話が進まずに、子どもが黙りこくったりもどかしくなって電話を切ったりしてしまう場合もあります。何か重要な要素が抜け落ちていたり、言い足りないところがあったり、あるいは故意でなくても隠していたり言えなかったり、当然こちらが知っているものと誤解したりして、しだいに子どもとのズレが大きくなってしまうのだろうと思います。かなり話した後から、友だちというのはとなり町の中学生だった、同級生なんだけれども中学浪人している年上だった、日によって気分に激しい変化のあるお母さんである、というような事情がわかって、もっと早く尋ねておけば良かった、となることもよくあります。

だからといって、初めから根掘り葉掘り尋ねるのはやっぱりよくありません。途中で噛みあっていないことに気づいたり間違って理解をしていたと気づいたら、「ごめんね。私が聴き間違っていました」とか「すみません。勘違いしていたみたい、もう少し○○さんのこと詳しく教えて下さい」というように謝罪して聞き直したり、詳しく尋ねたりします。丁寧に、正直にというのが、遠回りのようでも最善の方法のような気がします。

そういうことにならないでよいようにするための一つの方法は、「リフレクションのハイスキル」や「ちょっと待ってね」のところで述べましたように、話している途中で何か違和感のようなものを感じたり、何かつじつまが合わないなあと感じたときに、リフレクションしたり「ちょっと待ってね」と尋ねたりすることです。それができるだけ流れに沿ってスムーズにさらりとできるようになりたいのですが、いつも迷いながら尋ねることになります。子どもが自分の話したいように話してもらって流れを大切にすることと、こちらがしっかり把握するために尋ねることは、そのバランスをとるのがとても難しいのです。たくさん経験を積んでも、そのタイミングをいつも迷います。

子どもに相手のことをお話してもらうことで、相手のことだけではなくて、子ども自身の立ち位置や相手のことをどう考えているか感じているかが伝わってきたり、また子どもの人となりが少しつかめたりもします。ある子と仲良くしたいんだけどその子と自分と釣り合っていないんじゃないかと心配している繊細な子だったり、いじめられるんだけれど留年している先輩をカッコイイと憧れているのんびりした性格の子だったり、気分屋で怒鳴る母親を支えていこうとしっかり家事をこなしている子だったりします。本当に一人として同じ子どもはいません。話はやっぱり聴いてみないとわからないし、聴けば聴くほど多様でバラエティに富んでいるなあと感じます。

それから相手のことがほとんどわかっていない、理解できていないという子もいます。一般に子どもは幼ければ幼いほど、自分と他の人が違う存在で、考え方や価値観が異なるものだということが理解できにくいです。実際幼い子は、自分の好物のりんごは当然みんなの好物だと思って、親の口にりんごを入れてやったりします。あるいは自分が好きだから、相手も同じように自分のことを好きなのだ、と考えてしまったりします。ある程度年齢が上がっても子どもは（時々は大人でも）自他の区別があいまいになる場合があるのです。それで、「私はやめてほしいのに××ちゃんはわかってくれない」と、相手に何も言わなくても相手は当然自分のことをわかってやめてくれてもよいのにそうしてくれない、と悩んだりするのです。そういうときは、「その子はあなたがやめてほしいって知っているのかなあ？」と尋ねたりして、相手がどういう状況なのかを一緒に考えます。

また、とても自己中心的で、相手を自分の思うがままにコントロールしたい子や、逆にあまりにも相手に合わせてしまうことが習慣になっていて、相手を客観的に見ることができないために相手の考えや行動がほとんど理解できない子もいます。相手のことが理解できないと、自分がどうしたらいいのかが考えにくいですから、気持ちを受けとめることを丁寧にしながら、一緒に相手の状況を想像するときもあります。その時点では相手と自分のことが把握できないかもしれませんし、一回の話ではなかなか頭の中の整理ができないかもしれませんが、一つのプロセスを進んでいると考えて、「また続きのお話聴かせて下さい」と終わったりします。

相手への誤解や何かの勘違いか手違いなんじゃないだろうかということもあります。「お母さんは意地悪だから、お兄ちゃんは机を買ってもらったのに、私は買ってもらえないの！」とか「お姉ちゃんはわざと頼んだのと違うのを持ってきた！」とか「先生は私が手を挙げたときは絶対当ててくれない！」というように、何か理不尽だったりすることで、前後の話からもしかしたらその子が何か誤解しているんじゃないかと思うこともあります。しかし、意外とそういうことは事実で、そこには虐待や差別やいじめなど重たい問題がある場合もありますので、基本的には子どもの言うことをそのまま受けとめながら気持ちに寄り添っていくことが必要だと思います。

そしてこれはしっかりしている子によくあることですが、かなり深刻な悩み等をしっかり受けとめて聴いていった後に、相手の様子やどんな人なのかを尋ねたときに、こちらがもうびっくりするほどの情報をもっていて、的確に相手を分析していることがあります。「でもね、あの子も大変なの、おうちではちょっとしたことでバシバシ叩かれるらしいの。

お父さんが働いてないらしくて、お母さんがピリピリのスーパーモンペ（モンスターペアレント）だからストレス高いの！」とか「やっぱり寂しいんだと思う。前の学校で孤立していたみたいだから、今度はそうならないように必死なんじゃないかなあ。でもあんなに欲張ったら、続かないのに」とか「おねえちゃん中学受験だからイライラしているんだと思う。私は小学校から私立に入ったからうらやましいんじゃないかと思うんです。私が責められてもどうしてもやれないんですけれど、我慢するしかないのかなあって思う」とか「先生最近離婚してひとりぼっちだそうです。だいたいアスペ（アスペルガー症候群）っぽいから奥さんの気持ちがわからなかったんじゃないかと思います。でも部員に当たるのやめてほしいんですよね」とか「本当はお母さんがものすごいプレッシャーの中でめっちゃ苦労しているのはわかってるんです。おばあちゃんにはお金のことでは頭を下げたくないから、私には国立大学の医学部に行ってほしいんだと思うんです」というように、感心するほど詳しい状況を把握していて、まるで相手を支えているかのようにすら思えることがあります。

自分のことを知る

溜まっている気持ちを吐き出して、まわりにある自分を支えてくれているものが確認できたり相手の状況がわかってきたりすると、自分が置かれている全体の構造が子どもにも見えてくることがあります。そういうときは、よく沈黙になる場合があります。普通対面で話しているときでも、人は状況が把握できたりやっと飲み込めたりするときには、しばらく相手から目をそらして考えたりした後に「ああ、そうか」とか「そういうことね！」となることがあると思います。それが電話の場合にはこちらが見えませんから、見られているという感覚やプレッシャーが少ないので容易に黙って考える子が多いわけです。それでしばらく考えて、いま自分の置かれている状況について整理できて、「ああ、そうか」と何か把握できたとしても、実際には何にも言わないことが多いのではないかと思います。「沈黙を受けとめる」のところでも書きましたが、しばらく話が進んだあとに子どもが黙っているときは、基本的には子どもは何か考えを深めたり整理したりまとめていることが多いので、そういう子どもの状況に想像をめぐらせながら、待つことが大切だと思います。もし沈黙していることが心配になったら、「何か考えを整理しているのかなあ」とか「たくさん話をしてきつくなったりしてないですか」と尋ねてみるとよいと思います。

いろいろ話を進めても、自分が置かれている全体の構造が子どもに見えてくることは、どの子どもにも起こってくることではありません。短い話の中ではそんなところまで話が進みませんし、気持ちを吐き出すことだけで終わることも普通にあります。子どもの年齢や知識、いままでに誰かに話を聴いてもらったことがあるかないかなどにもよりますが、その年齢や状況に応じて大づかみでもよいので全体の構造が把握できるように話を進めていくことを、一つの目標にしてもよいと思います。

具体的な方法としては、まず「他のクラスでも同じようなことが起こってるの？」とか「どのバイトもサービス残業がたくさんある？」とか「お父さんも学歴で苦労されたのでしょうか？」というように、その子が自分と相手以外に視点を広げられる尋ね方をして、一緒に考えてみるところから話を進めていくとよいと思います。実際には子どもはそう尋ねられても「よくわからない」と答える場合もありますし、「それがどうしたんですか」と自分とは関係ないだろうと否定的に受けとめられるときもあります。そういうときは、しつこく尋ねたりせずに、「ちょっと気になったから」とか「もしかしたら関係があるかもしれないと思って聞いてみたの」とさらりと説明しておくだけにとどめておきます。少なくとも、そういう違う視点があるということは、とりあえず伝えられるのではないかと思います。視野を広げる小さな種をまくことになるとよいなあと思います。

話を広げたり深めたりするために、〝時〟を考えることもあります。「それって毎日？」とか「試験期間中以外にも大変なの？」とか「梅雨の時期だからかなあ」とか「休み明けってしんどくなりやすい？」とか「試合が近いの？」というように、いま自分が置かれている状況が、何か〝時〟に関する特別さがあるかないかを話していくと、見えてくるものがある場合もあります。人は何か厳しい状況に追い込まれると、そのことで頭がいっぱいになって、その状況が永遠に続くように感じたり、二四時間いつも毎日そうなんだと感じてしまいがちです。そこに〝時〟の視点を入れた会話をしていくことによって、自分を振り返ることができて、少し余裕が生まれることがあります。

あるいは、自分のような状況を他の人と比較したくて質問してくることもままあります。「こんな時期に進路変更したって聞いたことあります？」とか「カードの交換でお金を稼いでいる子って意外にいますよね？」とか「ボクみたいに包茎だっていう悩みの相談ってありますか」とか「先生はお前のような奴はいないっていうけど、そうなんですか？」というように、ときには切実な訴えを含んだ質問もあります。基本的には、子どもが孤立した状況から少しでも脱してほしいので、「いままでにもそういう子は結構いたよ」とか「みんな話せないから黙っているけれど、同じような悩みの相談はよくあります」とか「同じようなこと言われて落ち込んでいる子の話をときどき聞きます」と応じて、自分ひとりではないと感じてもらうようにします。中には自分が特別大変だということを認めてほしい場合や本当にすごい体験だなあという場合もあります。直接または間接的にずっとたくさんの話を聴いてきたので、おおむね聴いたことがある話が多いですが、本当に聴いたことがないような話のときは「似たような話は聴いたことがあるけれど、あなたの話は特別な感じがする」とか「本で読んだことはあるけれど、直接聴くのは初めてです」と応じて、あなたは特別だけれども、他の人が乗り越えられたように、きっとあなたも乗り越えられると信じているよ、というメッセージを伝えるように工夫します。

子どものほうから自分で学んだり気づいたことを話してくれることもあります。「トーク番組で見たんやけど、お笑いの人っていじめられてた人が結構いてますよね」とか「子どもの頃苦労して大人になった人って、私たちの話をよく聞いてくれる気がする」とか「口ばっかりで実行を伴わない人のことを〝うどんの釜〟そのココロは湯（ゆう）ばっかり、って言うらしいんだけど、そう言う先生が一番〝うどんの釜〟な人なんで笑っちゃうんです」とか「本で読んだんですけれど、アーティストって無茶苦茶働いた時期を乗り越えて一流になるらしい」などなど、子どもたちは自分のいまの厳しい状況を乗り越えるために、何か参考になるような他の人の情報を集めて、自分に当てはめたり比べたりしながらがんばっているのが伝わってきます。子どもは教えようとしてもなかなか自分に取り入れてくれませんが、自分が知りたいと思っているときの関心の強さや学びのスピードはすごいものがあるなあ、と感心させられます。子どもからユニークな話、鋭い分析、笑えたり素敵だったりする話を聴かせてもらえるのは、トークライブのようで楽しいです。そしてこちらが学ぶことがとても多いです。

様々に話が広がったり展開したりしながら、自分が置かれている全体の構造が見えてくることによって、子どもはその中にいる自分というものをどこか客観的に捉えることができるのではないかと思います。自分が生活している様子をまるで空から眺めるように外側から捉え直すことで、いままでとは違う視点が得られるのではないかと思います。そうすると、子どもはいままでにない新しい自分を生きるチャレンジができるようになるのではないか、と思うのです。

過去が変わってくる

何回か続けて同じ子の話を聴いていると、過去が変わってくると感じる場合があります。いや過去の事実は変わらないのだけれど、それをその子がどう受けとめるかや自分としての位置づけが変わってくるのです。「もう思い出してもあんまり腹がたたんようになってきた」とか「いまからそこに戻ってやり直すわけにはいかないですからね」とか「いつまでも縛られるのって損してる気がしてきたの」とか「いまはいい勉強させてもらったっていう感じかなあ」というように、過去のことが一つの終わったこととして感じられるようになる場合があるのです。そういうときは、子どもの中に成熟したものを感じたりします。

当然のことながら、こういう内容の言葉をこちらから投げかけることは、尋ねられたりしなければ基本的にはしません。子どもが言ったことを整理したり少し言い換えてすっきりした表現にすることはあるかもしれませんが、こちらから考えを押し付けることはよくありません。あくまでも子ども自身の中から出てくるのを待つことが大事だと思います。そして子どもからそういう思いが語られたときには間をおかずにリフレクションしたりしてしっかり受けとめたいです。いつ語られるかはわかりませんのでこちらはもどかしい思いをしたりするものです。しかしそれが子どもの腹の底からの思いとして語られたときには、一回りも二回りも成長して頼もしく感じられたりするものです。

いっぱい話をして、たくさん気持ちを吐き出して受けとめてもらえた子は、いままでよりも現実に向き合っていく元気が出てきます。教室でそれなりに過ごせるようになったり、勉強や部活に集中できたり、新しい友だちができたりすることが多いです。そうやって少しずついま現在が充実してくると、だんだん過去が違った見え方をしたり、捉え方や位置づけが変わってくるのではないかと思います。過去が本当の遠いものになっていくというか、場合によっては人に語ることができる過去の物語になっていくようです。

過去が整理できると現在が変わって充実してきて、過去の見え方まで変わってくることがあるのだなあと思います。言い方を変えれば、過去は現在を束縛もしますが、現在によって過去は規定され直しもするのだと思います。子どもの話を聴いていると、過去は近くなったり遠くなったり、濃くなったり薄くなったり、大きくなったり小さくなったりして、良くなったり悪くなったり変化していくものだなあとつくづく思います。

しかしずっと聴いていても過去も現在も何も変わらない子もいます。過去をずっと生きている子もたくさんいます。楽しかった過去を頼りに生きている子もいれば、厳しかった過去に支配されて現在を拒絶せざるをえない子もいます。そういう子の生活は良い意味でも悪い意味でも変わりにくく、あまり前進している感じになりにくい印象があります。そういう話は聴いていてもどかしい気持ちにもなりますが、それだけ重い過去をもっているという重さを、こちらも改めてしっかり感じながら想像しながら聴くことに努めます。

そして苦労して乗り越えた厳しい過去が、生きる力になっているなと感じる子もいます。「結構大丈夫になってきた。いまでもボクの眉毛のことマクド～って言う子がおるねんけど、最近相手が太ってるから〝フトッテリア～〟って返すねん」とか「自分のようなみじめな想いをするようなことがないように、困ってる友だちには声をかけるようにしています」とか「再発の心配はずっとあるけど、亡くなった友だちの分まで何人分も生きるって思うようにしてるの」とか「何かあると一瞬思い出すけど一瞬ですね。逆にナニクソってファイトが湧きます」とか「あれがあったから私の進路がはっきりしたという気がするし、みんなから〝強いね〟って頼りにされたりしています」というように、苦労した経験が生きる糧になっていると感じられるのです。過去の経験は、人から支えられて話をちゃんと聴いてもらえて、癒されたり整理されたりして乗り越えることができると、その子の力になることがあるのです。そういうことが多くなればなるほど、人は生きる力がアップするのではないかと思うのです。そう考えていくと、寄り添って支えとなる大人や仲間がもっと必要だなと思います。

世の中には、絶対なくさなければならない差別や犯罪、いじめや虐待など大人がちゃんと向き合って改善しなければならないのに簡単にはできないこともたくさんあります。でも同時に、もっと身近に取り組めることも結構あるなあと思います。それはみんなが身近なお助けマンになることです。大人も子どもも、もう少しじっくり話を聴き合ったりお手伝いしたり支え合ったりできるようになったらいいなあと思うのです。

「がんばっているんだね!」

話を聴いていると、子どもの日常生活がありありと伝わってくることがあります。一生懸命に九九を覚えようとしている子、クラスのみんながあこがれている子を自分だけで独占したい子、進路のことで親に自分の希望を受け入れてもらえない子、習い事や塾で遊ぶ時間もないほど忙しい子、引っ越してきて学校や地域に一生懸命になじもうとしている子、家事を切り盛りして今日の献立に迷っている子、女の子のようなおしゃれがしたい男の子、芸能界を目指している子、塾の先生に恋心が芽生えた子、二つの仲良しグループの間に入って悩んでいる子、やっとスイミングの級が上がって喜んでいる子、好きになった子にどうやって告白するか決心がつかない子、男の子としか話ができない女の子、一流の大学を目指す人生設計を語る子、などなど電話の向こうの一人ひとりが精いっぱい生きている姿が見えてきます。健気に生きているなあ、みんながんばっているなあと思います。そうするとやっぱり「がんばっているね～」と伝えたくなります。たくさん話してよほどフランクに語り合えるようにならないと「がんばってね」とは言いませんが、「がんばっているんだね」や「がんばってきたね」とは結構言います。

そんな様々な子どもたちの生活の中でも、多くは語らないけれども、きっと非常に厳しい状況の中で必死に生き抜いているのだろうなあと感じられる子どもに出会うことがあります。あるいは、何か大変そうな話をしているのだけれど、その大変さが見えなかったり状況や気持ちがなかなか伝わってこないで、もっと奥に秘められた何かがあるんだろうなあと感じることもあります。そういうときは「そうかあ、ひとりぼっちでがんばってきたんですね」と投げかけることがあります。そうすると「ええ」とか「うん」とか返ってくることが多いのですが、ときどきしばらく沈黙になることがあります。そういう一呼吸置いた後に、必ず始まるとは限りませんが、いままでと内容の異なる話が始まることがあります。その多くはいままで誰にも言えなかったような困難な状況を伝えるものだったりします。虐待、ネグレクト、レイプ、ＤＶ、ＯＤ、摂食障がい、援助交際、犯罪、自傷、自殺、犯罪被害、などなど、様々な深刻な問題が当たり前のように出てきます。虐待は性的虐待も珍しくなくありますし、心理的虐待を含む重たいものも多いです。家族の崩壊というか、すでに家族としての機能を果たしていないと感じるような状況の中で、衣食住の確保もままならない子もいます。

こういう深刻な内容の話題が出てきたときには、できるだけ踏ん張って受けとめなければいけません。自分のもてる想像力を最大限発揮して、子どもが置かれている厳しい状況に思いを馳せて、気持ちに寄り添うことに努めます。

なぜか、こういう深刻な話を聴くキャッチャー（聴き手ボランティア）は何度も聴きますし、ほとんど出会わない人もいます。どんな子どもからの話を聴くかどんな内容の話を聴くかは受けとめる側の大人の学びの側面もあって、何か縁のようなものを感じることはよくあります。また子どもは嗅覚が鋭いというか、この大人は自分と相性がよさそうだとか、こんな深刻な話をしてもしっかり聴いてくれそうだという直観的な判断に長けている子が多いように思います。そういう意味では、子どもの感性はかなり信用できるので、いまの自分にふさわしい内容の話を子どもがしてくれていると思って、腹を据えて聴いていく姿勢が大事なように思います。

「どうやってやってこれたの？」

いじめや学級崩壊、あるいは家庭が崩壊してネグレクト状態など、文字通り四面楚歌や孤立無援の状況でも健気に一人で生き延びている子どもにもときどき出会います。次々に出てくる過酷な状況を、こちらが聴いて受けとめるだけで四苦八苦したり、聴くだけでこんなに疲れるのだから、その現実をまさに生きている子どもはいったいどうやって生き延びているのだろうと不思議にさえ感じてしまうのです。

そういう子に、思わず「さっきから聞いていたら、本当にすごい状況でがんばっているなって思うんだけど、ちょっと聞いてもいいですか」「うん、いいよ」「あの、そんなきつい毎日の中で、どうやってやってこれたんですか？」と聞いてしまうのです。何か映画の主人公やドキュメンタリー番組のサバイバーなどの話に接したときのような、心からリスペクトする気持ちが起こったりして、尋ねてしまいたくなるのです。そうすると、いままで話に出てこなかった「隣町におばあちゃんが住んでいて、ときどき話を聴いてくれる」

とか「転校する前の学校の友だちとときどきメールの交換ができるのが支えなの」といった何らかの〝味方〟になってくれる存在がいることがわかってきます。

しかし意外というか、結構よく出てくるのは本なのです。本が子どもにとっての強い〝味方〟の存在になり、大切な〝居場所〟になっていることが少なからずあります。「小説を読んでいるときだけが生きているって思えるんです」とか「ファンタジーの中で主人公になって冒険したり恋愛していると、学校のこととか忘れられるんです」と生き生きと語ってくれます。おそらくこういう子は、本を読んでいるときだけが、本来の姿を取り戻して自分が自分でいられるのではないかと思います。本の中以外の、いじめや崩壊したクラスで過ごしたり、温かみの全くない家庭生活の場に身を置いているときには、自分の存在を全く消すようにして、あるいは分厚い仮面を被って自分を守りながら、何とか生き延びているのではないかと想像されます。こういう子どもの話からは、そんなにも厳しい環境の中でも必死に生きているんだと、こちらが生きる勇気のようなものをもらえます。〝話を聴かせてくれて、本当にありがとう〟と言いたくなるのです。

本以外にも映画やゲームが自分の生きる支えだという話もありますが、本ほど子どもの力になっているものはないように思います。それは本によって、子どもたちが多様な世界を知り、色々な人の生き方に触れ、たくさんの言葉や考え方を学ぶことができて生きる力をもらえるということや、本の中では子どもたちは自由自在にイメージを膨らませて自分自身を生きることができるからではないかと思います。そして、本の世界には、子どもが生きていくために必要な知恵も、スキルも、モデルもあるのではないかと思います。

もしそのときに戻ったとしたら

疲れたり傷ついた心が回復していくプロセスでは、思い出すという作業が必要になる場合が多いです。その作業はしんどかったり苦しかったりするので、なかなか一人ではできません。それで誰かに支えてもらいながらやれると良いのですが、なかなか支えてくれる人はまわりにはいません。電話は誰にも知られないで話せるので、子どもたちは日常なかなか相談できない話もしてくれるのですが、実際に目の前でうなずいたり、ときには背中をさすったりすることができないので、子どもからすると本当に傍にいる実感をもってもらえるかどうかがわかりません。電話でなくても対等な関係作りに気を配って気持ちを受けとめて聴く姿勢の大人がいると、子どもは過去のことを思い出すことを一緒に取り組んでいけると思います。そういう大人が増えてほしいです。

子どもは、いじめられたりひどい目にあったことは、自分に、もしくは自分にも責任があると思っていることが多く、思い出す作業をスムーズにできないことも多いです。それで、思い出せたときには、そのときのネガティブな気持ちを十分に吐き出すだけでなく、状況に応じて「あなたのせいじゃない」「あなたにだけ責任があるわけではない」「何にも悪くないよ、悪いのはひどいことをした人だよ」と伝えて、罪悪感で自分を責め続けることにストップをかけるきっかけを作ってあげたいです。そういう子どもの思いに丁寧に寄り添う会話を積み重ねながら、過去にさかのぼってどうしたいかを考えるお手伝いをします。

いじめられたりひどい目にあったりしたことを思い出して「もしいまのあなたがそこに戻ってやり直せるとしたらどうしたい?」と尋ねると、「無視する」とか「イヤって言う」とか「友だちを呼んでくる」というように、自分でいまやれそうなことを話せると、話した子ども自身も思ってもみなかったというように元気が出てくることが多いです。なかなかどうしたいというのが出てこないときには「やめてって言えそうかなあ」と投げかけてみます。そうすると「う〜ん、やめてっとは言えない」「ああそうか〜じゃあ〜何てなら言えそう?」「う〜ん、困るってなら言える」というようにゆっくりでも自分から言葉を紡ぎだせるとよいです。やはり言葉にする声に出す、ということには本当に力があると思います。いまだったらこうしたい、と思えて発せられた言葉が、子ども自身の身体にもう一度返って、勇気を呼び覚ましてくれるのではないでしょうか。そのときはどうしてよいかわからず何もできなくて無力だったけれど、いまだったら何かできそうな気がする、そう感じることは、きっと過去の自分を癒すことにつながる感じがするのでしょう。そして子どもはそういうとき、声の質がパッと変わって明るくなったり力強くなったりします。そういう変化が感じられるとやっぱりうれしいです。

ちょっと似た方法で「もしいまのあなたがそこに戻って、前のあなたに何かしてやれるとしたらどうしたい」というのがあります。この方法はいまの自分がそのままでできることなのでイメージしやすいのか、「そこにいなくて逃げていいよって言ってやる」「そばにいて励ましてやる！」「一緒に言い返してやる！」というように気軽に答えてくれることが多いです。

しかし、過去にさかのぼって考えるのが難しい子も多いですから、そう感じたら無理せずに、将来のこととして一緒に考えてみます。「もしこれから同じことが起こったとしたらどうしたい？」と尋ねるのです。「そのときどんな気持ちだった？」と過去を思い出して振り返らなくても、この将来に向けて考えるやり方をすぐに投げかける方法もあります。しかし経験上、ある程度気持ちを吐き出して少しでも過去のことが整理できている子のほうが、将来のこととしても考えやすい感じがします。今度同じことがあったら何かできそうだ、そう感じることは、きっと明日からの生活によい影響があると考えられるのですが、どうもそれだけではなくて、過去の傷をも癒す効果があるように思います。

いつ、どこで、誰に、どんなふうに

まわりにあるものを確認する中で、子どもが話をしたり相談できる人がいるかどうかを尋ねることがあります。これからどうしていくのか、を考えるときに相談できる人がいると話が進めやすいと思うのですが、まず誰か話ができる人がいることが確認できると、こちらもあまり気負わなくてすむのです。ついつい困っている子どもの話を聴くと私が何とかしなければモードに入ってしまいがちですが、それに歯止めをかけやすいのです。

そして、実際にいじめなどの問題を解決していくときには、いつどこで誰にどのように相談するかをできるだけ具体的に話し合っていきます。まず誰に相談できるかを考えます。尋ねるときにはまだ話に出てきていない場合は「担任の先生」とか「お母さん」という特定の人に相談できるか、と尋ねないほうがよいと思います。一番身近な担任の先生やお母さんに相談できない子がたくさんいるからです。遠慮して言えない場合もありますし、まさにその一番身近な人に相談できないからこそ、こちらに電話しているのかもしれません。また生真面目な子は、困ったときというのは必ず担任の先生やお母さんに相談すべきなのだ、と強く受けとってしまうかもしれないのです。

「誰か学校で相談できる人いるかなあ？」というように子どもが頭の中で学校を思い浮かべて選択できるような尋ね方をしたほうがよいです。そうすると子どもから「部活の友だち」とか「保健室の先生」とか「カウンセラーの先生」という答えが返ってきます。あるいは「……誰もいない」というかもしれません。そういうときは「誰もいないんですね、そうかあ〜いまどんな気持ち？」と気持ちを聴くところから始めるときもあります。誰もいないことは厳しい状態なのですが、その状況でも何とかがんばっている子に寄り添いたいわけです。子どもの気持ちに寄り添っていると子どもの気持ちが伝わって焦りや怒りが湧いてきたり、嘆く気持ちからため息が出てくるかもしれません。こちらもそういう気持ちになりながら、それが子どもの心情に近いものであるかもしれないけれど、実際はどうだろうかと考えながら聴いていきます。

また同じように「おうちでお話できる人がいますか？」というように尋ねます。子どもには様々な事情がある場合があります。お母さんが身近にいない子もいます。そういう子に「お母さんに相談できる？」と尋ねてしまうと、〝ああ、みんなが普通に相談できるお母さんがボクにはいないんだ、無理なんだ〟と一瞬にして悲観的な気持ちが広がって話せなくなる子もいるかもしれません。他に祖父母やおじおば、里親と暮らしている子や家庭を離れて児童養護施設や病院（精神科が多い）で入院生活している子などもたくさんいます。様々な事情があっても大丈夫というこちらの姿勢が子どもにもできるだけ伝わるように投げかけたいです。

相談というところまでいかなくても、誰か話すことができる人がいることがわかったら、こちらは少し安心します。その子が一人ぼっちでいるだけではなくて、まわりに誰かがいると確認できるわけですから、私が何とかしてやらなければ、という気負いが減って、ちょっぴり肩の力が抜けて聴けるようになるからです。

相談できそうな人が出てきたら、いつ、どこで、どんなふうに話をするかをできるだけ具体的に考えていきます。学校だったら昼休みとか放課後など、家庭であれば土日や夜など相談できる人に話ができるタイミングはいつなのかを子ども自身に考えてもらいます。なかなか出てこない子もいますので、「休みの日って忙しい？」などと、その子の日常を思い描くことから始めたりします。相談する相手に余裕があるときや話をしていることを他の人に知られたくないなど子ども自身が話しやすそうだという条件を満たすのは何曜日の何時頃などとイメージしてもらいます。また、職員室でとか、台所で、などどこで話すかも一緒に考えてもらいます。

いつどこで誰に話をするかがイメージできてくると、ちょっと緊張感が出てきたりします。「どう、話すこと考えたらドキドキしてきた？」「心配な気持ちがいっぱいになったりしてない？」といまの気持ちを聴いたりします。誰かに相談するときに、一緒についてきてそばに居てくれそうな人がいないかも考えられるとよいです。「クラスの△△さんについてきてもらう」「お姉ちゃんにも話してみようかな」など、考えているうちに自分のまわりにいる存在に気づけたりします。

できればどう話すかを一緒にシミュレーションしてみます。「おねえさんが相談される人になってみるから言ってみて」と練習するのです。「ねえいま話していい？」とか「ちょっと相談があるんですけどいいですか」など子どもの日頃の生活場面で使う話し方で話してもらい「なんかいい感じだね」「上手だった」と感想を返します。簡単なやり取りを何回かやってみて、言い方や受け方も違うパターンまでやれるともっと力になれる感じがします。

実際に相談するのは子どもです。「うん、明日言ってみる！」という子もいますが、必ずしもすぐに行動に移せるとは限りません。しかし、一緒に色々考えてみることが大切なのです。出てくる不安な気持ちをしっかりと受けとめ、「どうせ無理」と感じていたものが「うまくいくかも」というように、少しでも〝何かできる〟感じをつかむことは大切です。子どもは〝何かできる〟感じがもてると、うつむいていた顔が上を向いて背筋が伸びて、少し明るくなったりします。

アドバイスは役に立つか

「この近くで安くておいしいラーメン屋を教えて下さい」と尋ねられたら、あなただったら何と答えるでしょうか。「ラーメンはあまり食べないので」「この近くのことは知りません」と、よくわからないので答えられない、ということもあるでしょう。もしそうでなければ、何らかのアドバイスをしてあげたくなるのではないかと思います。〝ラーメン食べ歩き〟が趣味の人でもない限り、すぐに「□□ラーメンがおいしいですよ」と自信をもって答えられる人は少ないでしょう。そして、たとえこの辺りのラーメンにかなり詳しい人でも、もう少し相手のことを知らないと、せっかくアドバイスをしても、あまりその人の役に立てない場合が多いのではないでしょうか。「この近く」というのがどういう範囲を言っているのか、安いというのはいくらくらいの範囲なのか、そしておいしいというのは、これまた人によって様々だからです。

子どもからの「どうしたらいいですか」という問いに対してのアドバイスが、役に立つかどうかの事情も、近いものがあるように思います。子どもからの問いは切羽詰まった訴えの場合が多く、こちらの取りあえずの感想や意見を求めている感じではないことがほとんどです。まず、子どもが抱えている何らかの困難さを伴うニーズは、本当に多種多様です。立場も深刻さもいつからかも一人ひとり違います。そして、子どもの年齢も性別も成長発達段階や経験や知識も考え方も違います。子どもを取り囲む環境である家族構成や家族の文化や経済状況、学校状況も地域文化も違います。しつけの厳しい家庭も放任の家庭もあります。生活保護世帯も単身赴任家庭も休みは海外でバカンスの家もあります。分数がわからない子も弁護士を目指している子も字が下手で悩んでいる子もいます。その細かい状況を把握して、しかもそれにピッタリと合う多種多様なアドバイスを、こちらが即座に用意して提供し、子どものニーズに応えることは、実際にはほとんどできないと考えたほうがよいように思います。

情報提供の工夫

アドバイスというよりも、子どもにとって直接役に立つ電話番号などの具体的な情報を伝えることはあります。携帯やネットで架空請求をされたときには消費生活センター、妊娠や性病については地域のクリニック、人権侵害に及ぶような問題は地域の権利擁護センター、虐待からの避難は児童相談所など、ほとんどは電話番号を教えることになります。しかし、ただ電話番号を教えただけでは、子どもはなかなか電話ができないものです。これまで述べてきましたように、気持ちの部分が整理されて、状況が困難でも向き合っていこうという意欲が湧いてこないと行動に移すことは容易にできません。また、実際にどう相談するのかがイメージできたりシミュレーションして実際にできそうだという感じをもつことも大切です。

それから子どもに伝えるときには、可能であれば、子どもが選択できるように二つあるいは三つの具体的な情報を提供したいです。一般の公的な機関などは、まず子どもから電話がかかってきて相談を受けるということが想定されていないところが多いです。子どもは、なかなかうまく事情を説明できなかったり、質問に的確に答えられなかったりして目的を果たせないで終わってしまうことも少なくありません。そういうときに一つの場所がダメでも、他の場所があると思えると、もうダメだと諦めてしまわないですむこともあります。そして複数の情報を提供することには、問題解決の方法は一つではなくて、いくつもあるんだということを示すことにもなると思います。そのためにこちらは、日頃から複数の情報を伝えられるように少しずつ準備しておきたいです。また「もしうまくいかなかったら、また電話で相談してね」と伝えておくと、子どもは少し楽な気持ちでチャレンジできるのではないかと思います。

「～しないとダメ」と言ってはダメ

いじめや暴力に悩んでいる子どもたちと話していると、とても苦しい気持ちが伝わってきて、聴いているこちらが強い怒りや憤りを感じてしまうこともあります。そういうときにはついつい「イヤって言わなきゃダメよ」とか「それは断らないといけないなあ」と言いたくなります。もうこれ以上ひどい目にあってほしくない、何とかしてやりたい、という思いからそうなるのだと思いますが、子どもに「～しないとダメ」「～してはダメ」という行動を義務づける強いメッセージを伝えることは避けなければいけません。

多くの子どもは、「～しないとダメ」「～してはダメ」と言われても、実際にいじめや暴力に曝される場面に遭遇すると、「やめて」「いやだ」「いやです。貸したくありません」と言うような行動ができないことは普通にあります。特に真面目な子は一途に実行しようとしますが、そう思えば思うほどできなかったり、どうかすると思いつめて学校に行けなくなったりする可能性もあります。そうすると、せっかく大人の人にどうしたらよいかアドバイスしてもらったのに、言えなかった私が悪いんだ、と自分を責めてしまって〝そんな私なんか、もう相談する資格なんてない〟と考えて、ますます落ち込んでしまうかもしれません。

子どもによっては、何でも相手の言うことはそのまま受けとめなければならないと思っている子がいて、いじめられたり暴力にあっても「いや」と言ったり逃げてもよいということを知らない子がいます。あるいはいままでの自分の行動パターンの中に、「いや」と言ったり逃げることがほとんどない子もいますので、「いやと言ってもいいんだよ」「逃げてもいいんだよ」というメッセージを伝えることはとても大切です。しかし、それを「〜しないとダメ」「〜してはダメ」という義務のように伝えるのはよくありません。そして、もしこれからまた同じような場面に出会って、「いや」と言ったり逃げることができなくても、自分が悪いのではなくて、ひどいことを言ったりしたりする人のほうが悪いのだということをしっかり伝えてあげたいです。

話してくれたことを支持する

子どもは一般的には大人に比べて知識も経験も少なく、小さな狭い世界に暮らしていると考えられます。そういう子たちにとって、何か困ったことが起こったときに、相談したり〝助けて〟と言える相手を身近に見つけることはなかなか難しいものだと思います。多くの子どもは、自分には〝誰もいない〟〝方法はない〟〝何もできない〟と考えて無力感を感じてしまうことが多いです。そういう子が何かのきっかけで相談できる電話番号や相手を知ったことで、小さな勇気を振り絞って相談してくれたのですから、その一歩を踏み出した勇気に対しては大いに支持してやりたいと思います。「よく相談してくれたね」「なかなかつながらないのに電話してくれて本当にありがとう」「よく来てくれたね、勇気があるなあ」と率直に声をかけます。そうすると、まるで厚い雲が取っ払われて日が差したように急に明るい声になったりします。そうすると、〝誰もいない〟〝方法はない〟〝何もできない〟と考えていた子が、もっと他に誰かいるかもしれない、解決の方法があるかもしれない、できることがあるかもしれない、とちょっぴり無力感を脱して、またもう一歩前に進んでみようという意欲が出てくるかもしれないのです。

深刻なことでも力になれる

仕事やボランティアで様々な支援的な役割を担っておられる方と話していると、「私は話を聞くことくらいしかできないから」と言われるのを聞くことがよくあります。確かに困っている方の家庭や学校や会社に本当に乗り込んで、何か具体的な問題解決ができるならば何かしてあげたいけれど実際にはできない、そう思うので言われるのだろうと思います。特に子どもが悲惨な状況に置かれている話などを聞いたりすると、居ても立ってもいられなくなる気持ちに駆られることもあるので、「話を聞くことくらいしかできない」と言いたくなるのもわかります。さらに、もっと社会に働きかけて制度や法律やいまある機関や機能を本当に役に立つものにしていかなければならないと切実に思うこともよくあります。

しかし、実際にそう言われるのを伺うと、私はなんだかとても残念で口惜しい気持ちになります。それは聴くことには、普通一般に思われているよりももっと力があるように感じているからです。聴くことの力をそんなに軽く考えなくてよいのではないかと思うのです。もっとスキルを磨いて力をつけていけば、「話を聞くことくらいしかできない」と言わなくてもよいくらい役に立てるようになるのではないかと思うのです。そして本当に力になれることもたくさんあるのです。

4

話すこと聴くことの意味を考える

この章では、改めて話すことや聴くことの意味についていろいろな視点から考えてみたいと思います。目まぐるしく変化している社会にあって人が生きていくために必要なスキルである話すことや聴くことの重要性がかつてより格段に増しているように思います。

遅れている取り組み

話すことや聴くことは生きるためにとても大切なスキルなのに、学校で学ぶことは、どちらかというと読むことや書くことが中心です。日本の教育って、昔から武士（＝サラリーマン）向きで、いまで言うなら行政マン養成ですよね。それで文章を読む書くに重きが置かれて、話すことや聴くことはあまりトレーニングを受けてこなかったように思います。いままでの時代は「読み書き算盤」でもやってこれたのかもしれません。しかし、働き方や対人関係のあり方などが大きく変わって、人々の暮らしを支えるコミュニケーションのスキルがもっと必要になっている現在は、いままでのあり方では到底やっていけないと感じます。

例えば働き方に関して言うと、農林水産業の第一次産業に従事する人は、戦後の約五三％（昭和二二年国勢調査）から現在（平成二二年同）は四・〇％にまで急降下しています。鉱・建設・製造業の第二次産業も昭和四〇年代後半（三四・二％、昭和五〇年同）をピークに下がって現在二三・七％（平成二二年同）にまでなっています。そして第一次・二次産業に取って代わってサービス業の第三次産業が六六・五％（平成二二年同）に増加しています。日本社会の産業構造が、実際に身体や手足を使って物を作る（寡黙にでもコツコツとやれる）仕事から、人に物を売ったり世話したりパソコンに向かうような仕事に大きく変化してしまったのです。自然や物を相手に身体を動かして汗を流す仕事から、人を相手にして言葉のやり取りや情報を操作する仕事に変わって、働く人に求められるものもどんどん変化しています。IT機器をはじめ何でも人に代わって機械が働いてくれる世の中になって、逆に人とコミュニケーションをとることが求められる社会になっているのだと思います。そういう急激で大きな社会の変化を日本の社会全体で十分把握し認識して、理念や制度や仕組みを転換していかなければならないのに、できていないと思います。特に人を育てる家庭や福祉や教育の現場で、もっと子どもが感情体験を豊かにすることが重要視されたり、具体的なコミュニケーションのスキルを身につけるプログラムなどがたくさん取り入れられる必要があると思います。

棚おろしの役割

深夜などお客さんの少ない時間帯にスーパーやコンビニに行くと、商品の棚おろしや前出しをしていることがあります。私たちの日常生活も、そうやって日々棚おろしをして、入ってくるものと出ていくものを整理できるとよいのですが、なかなかそうはいきません。そんな気持ちの余裕を毎日もつことは難しいですし、時間もなかなか取れないです。特にそれを自分ひとりでやることは難しいように思います。

多くの子どもたちも事情は似たり寄ったりだと思います。でもチャイルドラインの存在を知って電話をかけてきて、たとえはっきりした目的がなくて話をはじめたとしても、こちらが聴いて受けとめることができれば、少しは日常生活の棚おろしができるのではないかと思います。整理されてきちんと商品が並んだスーパーやコンビニは気持ちよく買い物ができますが、子どもたちも話した後は机の上やカバンの中が片づいたように、少しすっきりした気持ちで机に向かえるかもしれません。

「ポケモンごっこでケンカになった」とか、「九九が覚えられないで叱られた」とか、少し目的をもって話してくる子は、机の引き出しや戸棚やタンスの中の物を片づけたい子かもしれません。そのためには、とにかく中にある物をしっかり出さないといけないですね。〝洗いざらい〟という言い方がありますが、やっぱり中が空っぽになるまで物を出し切れるとスッキリするし、次に物を入れやすいと思います。話すことの目標は、中に溜まっているものをしっかり出すことですね。

しかし、なかなか空っぽになるまで出しきれないことのほうが多いと思います。日頃からギューギュー物を詰め込んでいて、物を出すのにあんまり時間がかかりすぎてクタクタになったり、出しているうちに〝アレッこんなものがあった〟と手が止まってしまったり、あんまり雑多な物が出てきて収拾がつかずに元に戻してしまうかもしれません。中には、話しているうちに年末の大掃除のようになって、奥の倉庫から屋根裏部屋まで、全部物を引っ張り出そうとして、聴いているこちらが受け取り切れなくなるときもあります。あんまり長くなると「今日はいっぱい話をしてくれたね。また聞かせてくださいね」と次回につなげて終わることもあります。たくさん話をするときというのは、もしかしたら本当に話したかったことが言えなかったのかもしれません。でも、一生懸命話してくれたことをしっかりと認めておきたいです。

そして話をしていくことが、できれば出したものを整理することになるようにしたいです。乱雑に突っ込まれていた本を順番通り並べ直したり、いらなくなった小物を捨てたり、大切な思い出は箱にしまって鍵をかけるかもしれません。ホコリをかぶって忘れられていた賞状やメダルを磨いて飾ることもあれば、いらない書類や包装紙やダンボールを一緒にゴミ焼きすることもあるし、お気に入りだったTシャツを洗い直す、そういうお手伝いができればと思います。

一度には全部は片づけられないことも多いと思います。でもちょっとでも片づけができると、バッグが軽くなって歩きやすくなったり、ちょっとガラスを拭いたら外が見えやすくなったり、玄関がすっきりして人に来てもらいたくなったり、鏡がきれいになって自分を映したくなったり、するのではないかと思います。そして一部だけでも片づけられると、できているところとそうでないところが区別できて、次にどうしたらよいか、どうしたいかが、はっきりしてくるように思います。

片づけたらもっと片づけたくなるということもありますよね。私はときどき、ちょっとのつもりで掃除を始めたら、次々に他のところも掃除したくなることがあります。やってみてすぐ結果が見えて気持ちいいと、もうちょっとやってみようというモードになって、次の行動が起こりやすいのだと思います。そして自分の意識も少し変わってきますよね。ですから、全部できなくても、ちょっとでも子どもが片づけをするお手伝いができるように、丁寧に話を聴いて気持ちを受けとめていきたいと思います。

視点が上がってくる

話を聴くことは決して楽な作業ではなくて、ときとしてとても疲れるものです。しかし、それは話している子どもたちも、同じように大変なことだと思います。特に話し始めのときは五里霧中というか、霧がかかった林や山の中に迷い込んだ感じになることが多いです。初めはただ近くを散歩している感じだったのに、いつの間にか迷い込んだ感じになってしまうこともあります。ここはどこなのか、何があるのか相手は誰なのか、近くにいるのか離れているのか、さっぱりわからずとても不安になります。そこで慌てずに気持ちを落ち着けて、辛抱強く話を聴いていると、少しずつ樹や岩が見えたり、ブッシュの向こうに小道が見えてきたりします。霧の切れ間にお日様が顔を出して方角がわかったり、少し向こうに尾根が見えてきて、だんだんといまどこにいるかがおぼろげにわかってきたりします。どこにいるかもわからなかった子どもとの距離が確認できたり、寒そうな格好しているなあと様子がわかってきたりします。そうやって少しずつ近づいて、一緒に歩んで行けるように寄り添っていくのですが、そういうとき話をしている相手の子どもの気持ちも、きっとこちらが感じているものと似ているのではないかと思います。子どももいまどこにいるのか、こちらがどこにいるのか、どんな人なのか、不安な中で手探り状態の中で話していると思います。

そういうとても疲れる粘り強い共同作業を延々体験してヘトヘトになりながら、知らないうちに峠や小さな頂にたどり着いていることがあります。そこにしばらくいると、下界の霧がみんな晴れて、いままで見えなかったまわりのものが見えてきたりします。遠くにあると思っていた川や民家が意外と近くだったり、狭いところを歩いてきたと思ったのに案外広い谷だったり、山頂へのルートが確認できたりします。いままでと違う見え方や感じ方をすることが多いです。いつもそうなるとは限りませんが、一緒に苦労して歩んでいくと、子どもの視野が広がったり視点が高く上がったりするみたいで、いままでとものの見え方や感じ方が変化していくように思います。そういう変化をすぐに感じ取ることはなかなかできないのですが、何回も話を聴いていたりすると、大人びた口調になったり、こちらがびっくりするようなしっかりした哲学のようなものを語ってくれたりすることがあるのです。

合理的に考えられる

様々な気持ちを吐き出せて受けとめてもらえたり、考えを整理できたりすると、いままで全く考えられなかった相手（まわりの人）のことをちゃんと考えられるようになったり、受け入れられるようになることがあります。フラットで冷静な感じ、素直になれる感じになりやすいです。それまでは、顔も見たくない許せない存在だったり、小言を言うだけのうるさい存在だったのが、距離を取りながらも話をしたり聞いたりできるようになって、それなりに付き合えたりするのです。

そして、ものごとを合理的に考えられるようになる場合が多いです。端的に自分はどちらを選んだら得なのか、将来的に役立つ資格は何か、自分が望んできたことに近づくための道筋は何か、など客観的なものの見方や合理的な考え方がスッとできるようになったりします。逆に言えば、充分に気持ちが吐き出せないうちは、身体に老廃物が溜まったりガスが充満しているようなもので、トイレに行きたくて落ち着かないような状況に近くて、とても普通に合理的に考えたり冷静に判断したりできないのではないかと思います。

小さな変化が大切

私たちは、人の相談にのったり世話をしたりするときに、根本的な問題を解決してやりたいとか、全面的に助けてやりたいと意気込んだりしてしまいます。例えば、いじめの問題でも子どもの貧困の問題でも、テレビでニュースなどを見ると、自分にできることはしたい、と思ったりしますが、そのうちに忘れてしまいます。それはなぜかと考えると、問題が大き過ぎると感じるからではないかと思います。そう簡単にいじめはなくなりそうはないですし、全ての子どもは救えないと思うと、ちょっとした無力感を感じたりしますから、問題から目をそらしたくなるのも無理はありません。しかしよく考えてみれば、困っている子どもはいろいろたくさんいるわけで、小さくても自分にできることは少なからずあるはずなのです。

笑う門には福来ると言いますが、子どもたちの生活も日々ちょっぴり笑顔で過ごせる、というような小さな変化があるとよいと思います。子どもたちが前の日しっかり話を聴いてもらって、次の朝少しすっきりした気持ちで登校するのと、何か悶々とした気持ちを引きずって登校するのとでは、その日一日の歯車の回転の仕方が結構違うと思うのです。やっぱりちょっとでも笑顔で、ちょっとでも元気に朝をスタートできると、楽しいことや面白いことを見つけやすかったり、まわりからも存在を認めてもらいやすかったりするのではないかと思うのです。

子どもの話を聴くということも、それこそ根本的な問題解決にならないことも多いですし、直接お世話してやれるわけではないのですが、諦めずに取り組んでいるとできることがあるとわかってきます。そして、小さな変化が見えてきたりすると、もっとやれることはないかと探したり、本当に必要なことは何なのかと本質的なものに迫っていくことができたりすると思うのです。

話すことはリリースすること

そうたくさん話していなくてまだ途中な感じなのに、子どもがひとり言のように「ああわかった」とか「ありがとうございます」と言って電話を切ってしまうことがあります。そういうときは、なんだかこちらはポツンと取り残されたような寂しい気持ちになってしまうこともあります。それをあえて例えれば、人が高いところに登るときに必要な踏み台に、自分がなったようなことかもしれません。その人は登ってどこかに行ってしまったのに、自分が一人残されてしまったような感じです。あるいは人は本当にお世話になった人のことは意外と意識せず、全く覚えていなかったりするということがあります。子どもが成長したり巣立っていくときには、踏み台にされて痛い思いをしたり、後に残されて心配しながら見守る存在があるからこそ、スッと前に進んで行けるということもあるように思うのです。大人というのは、そういう寂しさに耐える存在なのではないかという気がします。

子どもが話をしているうちに、何か閃いたようにパッと明るいほうに雰囲気が変わったりすると、ああこの子の何かが解放されたんだなあと思ったりします。どういう理由でそうなったのかは、わからないままのことのほうが多いのですが、そういうわからなさを抱えながら、ジワっと喜びを味わうような感じのときもあります。

しかし、そういうときに間違いなく言えることは、しっかり話をしてちゃんと聴いてもらえた感じが子どもから伝わってくることです。言霊ではありませんが、話すことは離すこと、放すことにつながるなあとよく思います。話すことは、何かとらわれていたものから距離をとって離れることだったり、固く握り締めていた過去を手放すことだったり、心の奥のほうに閉じ込めていた頑なな思いを解き放つことだったりすると思います。英語で言うとリリースがぴったりな感じです。「I shall be released」というボブ・ディランの有名な歌がありますが、まさに閉じ込められたものが解放されることが、話すことのもつすばらしい働きではないかと思います。それはなかなか子ども一人の力ではできにくい作業です。でもそれが協力してうまくいくと、その子どもが元々もっている自分の力に気づけたり、取り戻したり、呼び覚ましたりすることにつながっていくのだと思います。

聴いてもらえないと紡げない言葉

これは乳児院の院長先生からお聞きした話です。縛られて、泣いても泣いても誰も来てくれず相手をしてもらえなかった赤ちゃんが、とうとう泣かなくなった状態で保護されたそうです。泣いたら誰かが来てくれるからこそ赤ちゃんは泣くのであって、ずっと誰も関わってくれなかったら、泣けなくなるのだと思います。人が言葉を使って話す一番初めは、赤ちゃんが泣くことからスタートします。その赤ちゃんは乳児院に保護されたあと、目が覚めているあいだ中、看護師さんや保育士さんが代わる代わるずっと抱っこして声をかけ続けあやし続けて、何週間もかかって初めて〝オギャー〟とか細く泣けるようになったそうです。

人は聴いてもらえないと話せなくなります。試しにそっぽを向いた人に話しかけたり、みんな居眠りして誰も聞いていない教室で何か話をすることを思い浮かべたらよいと思います。初めは話せてもだんだん話すスピードが鈍くなったり、メモがあってもどこまで話したかわからなくなったり、次に話す言葉が浮かばなくて頭が真っ白になったりして、きっと話せなくなると思います。言葉が失われる感じになると思います。話すという行為は、聴いてもらう相手がなかったら成り立たないものなのです。

逆に聴き上手な人に聴いてもらえたら、ついついたくさん話したり、ずっと忘れていたようなことが思い出せたり、ちゃんと考えてこなかったことをしっかり考えられたりすることがあります。あるいは気のあった仲間と話していると、思わず自分でもびっくりするようなうまい言い回しができたり、その場が生みだしたとしか思えないようなユニークなアイディアが出てきたりすることがあります。言葉というのは、聴いてくれる相手と一緒に紡いでいくものなのだとつくづく思います。

子どもは、生まれてオギャーと泣くところから始めて、話を聞いてもらう相手がいてたくさん話す体験をし、少しずつ言葉を獲得しながら自分のスタイルを身につけていくのだと思います。聴いてもらえばもらうほど話すことが上手になって、考えが整理できたり、新しいアイディアが思いつけたりするようになっていきます。そういう大切な時期を生きているのです。ですから、子どもたちには話を聴いてくれる人がたくさん必要なのです。子どもの味方になって、そばにいて耳をダンボにできる大人や友だちが、そういうちょっぴりおせっかいなお助けマンが、いまの日本社会にはいっぱいいっぱい必要だと思います。そしてちゃんと話を聴いてもらった子は、きっと自分自身も人の話がしっかり聴ける人になっていくのではないかと思うのです。

何かができる実感

いじめられていたり、虐待を受けていたり、ひどい環境で生活せざるを得なくて、自分には誰もいない何もできない、現状を打開する方法は何もないと感じているような子どもが、何かのきっかけで大人に相談してくるかもしれません。そんなふうに、人が信じられなくなっていたり、孤立感を深めている子が、藁をもつかむような思いで相談してくるときには、半分諦めたようなしゃべり方をするかもしれません。蚊の鳴くような小さな声かもしれないし、怒鳴るようなしゃべり方になるかもしれません。もしくはあまりにも淡々と深刻な事実を語るので、気持ちが伝わってこない場合もあるかもしれません。そういう子どもの、なかなか声になりにくい声、伝えにくい気持ちをもし少しでも受けとめることができたら、それは子どもにとって、小さいけれども何かいままでとは違った、人との出会いの体験になるのではないかと思うのです。

誰もいない、何もできない、方法は何もない、と感じながら、でもこの人だったら話せるかもしれない、と思って勇気をふりしぼって話してみたら、親身になって聴いてもらえた、という経験をするのは、子どもにとって何かができるという感覚につながっていくと思います。何かできるかもしれない、わかってくれる人が他にも誰かいるかもしれない、何か方法があるかもしれない、と前向きな気持ちがジワジワと出てくるかもしれないのです。それは明日につながると思うのです。

たくさんの子どもや若者と接していて、ときどき想像力や実践力の元になるものはその人の実体験に源泉があるなあと思うことがあります。いままではいろいろ考えてやってみても、自分には、「誰もいない、何もできない、方法は何もない」と思ってきたけれど、この人はちゃんと話を聴いてくれるのでいままでとはちょっと違った感じがする。それは小さな小さな成功とも言えないような体験だけど、本で読んだのでもネットで見たのでもゲームで体験したのでもない、自分自身の実際に体験した生の感覚なのです。ですから、そこでは小さな転換というか反転が起こって、次の行動への想像力や実践力が芽を出してくるのではないかと思うのです。生きることには絶対確実ということは何もありません。ゲームがどんなに複雑に細かく作られていたとしても、現実を生きることのほうがたくさんの要素がからんで予測不能なことが多く複雑です。その現実を生きるために必要なものは、自分なりに行動して得られた結果の積み重ねの経験知です。それが想像力や実践力となっていくのだと思います。ちゃんと聴く、受けとめる、ということは、子どもが生きる力を獲得していくために踏み出す小さな一歩になる、とても重要な役割を担っていると思います。

支えてもらうと向き合える

大人だってみんな毎日一生懸命生きているわけですが、子どもと接していると本当に健気に生きているなあといつも思います。親に心配させてはいけない、迷惑をかけてはいけない、弱みを見せてはいけないという子どもは多くて、心身ともに疲労しながらタレントのように忙しくがんばっている子も珍しくありません。多くの子どもは最近ますます忙しくなっていると感じていますし、抜け道や隙間やあそびや余白のようなものが生活空間や子どもの周辺からますます失われ続けているという感じがします。

そんな中で話せる相手という抜け道を見つけて、ＳＯＳを発することができる子はある程度のパワーやエネルギーがある子たちです。心身ともに疲労していても、完全にパワーダウンしないですんでいる子や、人に弱みを見せたり助けを求めてもよいというメッセージをどこかでもらっていたり、実際に助けてもらえた経験をしている子がSOSを発することができるように思います。

そういう子どもたちは、何かこちらに向かってトボトボと歩いてくるイメージがあります。何かから逃げるように避けるように隠れるようにやってくる感じのときもあります。迷いながら立ち止まりながら下を向いたりキョロキョロしたり、あるときは駆け込むようにやってきます。そういう子どもたちの話をじっくり聴いて、ときにはしゃがみこんでしばらく休んだり、肩を抱えたり涙を拭いてやったり、一緒に散歩したりしながら受けとめていくと、あるときフッと立ち上がっていくような感じになるのです。きっと日常の生活に戻っていくのだと思います。ちょっと振り返ってこちらがいるのを確認しながら、何か思い定めたように、ときとして歌を口ずさむように歩いていきます。わずか数分か数十分くらいですが、じっくり話をすることで、小さな味方を得てちょっぴり勇気をもらって自分を取り戻し、現実に正面から立ち向かっていけるようになるのだと思います。子どもが向きを変えて、現実のほうに向かっていくというのが、こちらが〝ふと気がついたら〟なのです。いつ向こうを向くのかを予測することはできません。その子のペース、やり方で立ち上がっていきます。やはり話をしっかり受けとめてもらえると、問題や課題と真正面からちゃんと向き合えるようになって、解決への道筋も見えてきやすいです。そこに至るお手伝いが少しでもできればと思います。

ちゃんと感じると終わっていく

話を聴いていく中で、子どもの困っている状況を把握し、少しでも気持ちに寄り添っていこうと努めるのですが、子どもは困っているということを言わない場合もよくあります。聴いていて、とってもひどい状況にあるように思えるし、困っているだろうなあと想像するのですが、「別に困っているわけじゃないんですけどね」とサラッと言ったりすることもあるのです。自分が困っていると思えない子もいますし、そういう自分の状況をどこか認めたくない場合もあるのではないでしょうか。いじめられていることを何とかしたいのだけれど、そのことを誰にも知られたくないというときもあると思います。子どもたちはとても繊細で微妙な気持ちの揺れの中で相談してきているのでしょう。そういう子と話していると、何か激しい感情を体験することを恐れているような印象をもつこともあります。

その感情に対する恐れのようなものは、おそらく様々な感情を体験することの少なさからきているのではないかと想像しています。とにかく子どもたちは小さい頃からケンカや言い合いやトラブルを避け、問題が起こらないように失敗しないように挫折しないようにと、まるで無菌防護服か宇宙服をまとうような生活を強いられているように思います。子どもたちは、生身で感じる経験、直に触れる体験が非常に少なく、激しい感情の揺れを体験し、それを消化したり整理したり克服したり収めたりする経験が希薄なので、激しい感情が起こることやそれに至る可能性があるものに対する警戒心や恐怖心が強くあるのではないかと思います。

ちょっとズレるかもしれませんが、ひきこもりやニートの若者と話していると、〝大きな音〟や〝暑さ〟が苦手だと言う人が多い感じがします。〝大きな音〟についていえば、敏感なタイプの人や大声で怒鳴る大人のもとで生活してきて怖さを感じる人も結構多いと思いますが、とにかく人がたくさんいてガタガタ物音がしたり騒々しい場面で過ごすことに慣れていない人が多くなっているのではないでしょうか。住宅事情が良くなって家庭では個室も与えられて、かなり防音されていますし、以前に比べて格段に静かで人の少ない広い空間で暮らしてきた子どもや若者は、騒々しさに慣れていないのだと思います。また、〝暑さ〟については、生まれたときからエアコンの効いた室内で過ごすことが当たり前になった現代では、暑さ寒さや風や湿気を直に感じることが極端に減っているのではないかと思います。子どもの頃から外気に触れてたくさん汗をかいて身体の中の熱を外に発散させる経験が少なくなっているので、もしかしたら汗腺の発達が進まない人も増えているのかもしれません。いずれにしても、文字通りの外気に接したり、人がたくさん生活している空間で日常を過ごすという、直に世界と触れ合って生活する経験が少なくて、子どもたちはこの社会で生きるために必要な力を養う機会に恵まれていない、あるいは奪われているのではないかと思います。

長年プレイパークなどの活動を通じて子どもの遊びの重要性を訴えてこられた天野秀昭さんは、子どもたちからＡＫＵが奪われていると言っておられます。ＡＫＵとは、あぶない（Ａ）、きたない（Ｋ）、うるさい（Ｕ）、です。子どもたちはときに過剰で、偏って、醜く、単純だったり、唐突だったり、ストレートだったりします。そういうアンバランスな時期を通過して少しずつ大人になっていくのだと思います。初めから清く正しく美しくバランスのとれた子どもなど（もちろん大人も）いません。しかし現在の日本の子どもたちは、幼い頃から、清く正しく美しく、おまけに大人しく、無菌防護服や宇宙服に身を包まれて生きることを強いられて、外の世界に直に触れて体験しながら自分を試すチャンスをもてない子が多いのではないかと思います。

私は大人の社会も同じだと思います。いや恐らくは事情は逆で、子どもたちの生活は、大人社会が様々な見たくないものを遠ざけてしまっていることの反映だと思います。マスメディアを中心に、大人社会の中からも人の死や性や暴力や戦争や差別や障がいや貧困などネガティブなものが遠ざけられ、見て見ぬふりから、見ない、見えないようにしているうちに、人々の意識に上らない、まるで社会にないもののような扱いになっていると思います。大人は社会にある様々なネガティブなものを視界から遠ざけて、自分が激しい感情に巻き込まれることから逃れているのではないでしょうか。その同じことを子どもにも強いているので、激しい感情、特にネガティブな感情を感じられない子が増えて、世代間に連鎖して縮小再生産されているのではないかと思います。

そういう社会にあっても、感性の豊かな子どもや若者の中には、逆にそういういまの大人社会のおかしさや危うさを敏感に感じ取って、人の死や性や暴力や戦争や差別や障がいや貧困などと自分から真摯に向き合っていこうとしている子も結構います。大人が敷いた安心安全無難事なきのレールから離れて世界と直接触れ合う体験を通して自分自身で感じ学んでいこうとしているのだと思います。そういう子たちは、例えば死と向き合う『ハリー・ポッター』などの小説を読み、歴女や寺社ガールは地域の文化や歴史を調べ、劇的なドラマが多い韓流ドラマを観て感情体験を鍛え、野外フェスでたくさんの人々とライブ体験を共有し、よさこいを踊ったり企画したり、ギャップイヤーで震災復興や海外のボランティアに出かけて現場を体験したりしています。大人社会が作り出している自分を覆っている殻を破って、新しい自分にチャレンジしている子どもや若者もたくさんいます。しかしまた同時に、分厚い無菌防護服や宇宙服の中でもがいていたり、それを脱ぐことの恐怖におののいていたり、ある年齢になって初めてネガティブな現実の外気に触れて傷ついたり病んだりひきこもったりしている子どもも多いのではないかと感じています。

そういう子どもたちにとって、激しい感情を体験することは苦手で、できれば避けて通りたいことなのでしょうが、どうも感情というものはちゃんと感じないと終わらないもののようです。つらいことや苦しいこと悲しいことショックなことがあったとき、できればあまり時間が経たないうちに誰かにしっかり話を聴いてもらって、ちゃんとつらさや苦しさや悲しさといった感情を感じることが必要だと思います。そういうことはなかなか一人だけでは取り組めません。例えば肩をさすってもらいながら泣きたいだけ泣いたり、何時間でも横に居て一緒に嘆いてもらったり、あるいは一緒に歌ったり踊ったり騒いだりして、誰かとともに充分に感情を感じることで、何か一つの感情体験が終わって、次のステップやステージに歩みを進められるように思うのです。

話したことがなくなる

これは大人の話ですが、ひょんなことから、長い時間話を聴くことがたまにあります。

ほとんど面識がなかったり、思わぬ場所でたまたま時間ができて、という具合に、もともと話をする予定ではなかったのになぜかじっくり話し込んでしまったという感じです。めぐり合わせというか、徹夜になったことや最高八時間も聴いたこともあります。でもそういうときは不思議なことに、時間を長く感じることも、あまり疲れることもなくて、「あれっ、もうこんなに時間が過ぎてしまった」と、あっという間だったりします。そして話の内容はいままで聴いたことがないような印象的なできごとの話ということが多く、心に刻まれることになります。

しばらくしてその話した相手と再会することがあると、こちらとしてはあの印象的だった話をもう少ししたい気持ちが湧いて「大変でしたね」とか「よく話してくれましたね」とか言いたくなります。それで、何となく長く話をしたときを思い出すようなことを振ってみるのですが、まずもう一度そのときの同じ話に戻ることはありません。同じ話に戻らないばかりか、どうも話したことそのものを忘れてしまっているようなのです。そういうときは、あれっ、こちらが何か勘違いしてたかな、と一瞬目が宙を泳ぐ状態になったりします。でもやっぱりあんなに長く話したし間違いないなあと思うと、とても奇妙な感じがします。でも、やっぱり覚えていないようなのです。まるで大きな荷物を渡されたのに、渡した相手はそのことをすっかり忘れている感じなのです。こちらは、唐突に大きな荷物を渡されてどうしたらよいかわからずに困っているのですが、渡されたことそのものがなくなってしまうと、もっと途方に暮れてしまいます。若い頃は、そういうことがあると、何か胸がムズムズするというか落ち着かない感じで、どうしてよいかわからずとても困りました。

このことを考えるのにとてもよいヒントになったのは、エンパワメントセンターの森田ゆりさんの「多様性トレーニング・ファシリテーター養成講座」などのワークショップで、参加者どうしの秘密を守るための約束として示される〝その話をもう一度できるのは話をした人だけ〟というルールです。そこには、まるごと人を大切にするという、当たり前だけどある意味とても厳しいスタンスが求められているなと思いました。人の話を聴くことは、ときとして話した相手が話したことそのものも忘れてしまうような、まるごと受けとめなければならないことも起こります。そういう覚悟が必要なのだと、考えるようになりました。

考えがひっくり返る

話していることが、必ずしもその子が心の奥で思っていることとは違うのではないかなということがあります。あるいは考えをすすめているプロセスにあるのだろうなという場合も多いと思います。ですから「私はリーダー、やりたくないんです」とか「大学とか行っても資格も取れないし無駄なので就職しようと思っているんだ」とか「恋愛って傷つけ合うばっかりだから嫌なんですよね」と聴くと、そのときは、こちらは素直に子どもが言うその通りに受けとっているのですが、しばらくしてまた話しかけてきたときに、「リーダーになってみなければ、大変さがわからないですよね」と役割を引き受けていたり、「高卒の就職が厳しいので大学に行ったほうが将来の道が開けると思う」と考えが変わったり、「彼とは結構話が合うので学校に行くのが楽しいです」と一歩踏み出していて状況が変わっていたりします。前に話したときには、そう思っていたのだけれど、口に出してみて、それを否定されたりせずにちゃんと聴いてもらえると、その気持ちや考えが本当に自分のものであるかどうかが、ちゃんと吟味されて、違う選択肢が出てきたり、あるいは思い切って踏み出してみることも意外と多いようです。もしくは、何かを受け入れるプロセスで、当の相手である親や先生や友人には言えない〝いやだ〟とか〝違う〟とか〝そう思わない〟という一言をこちらに向かって言ってから、受け入れる決断をしているのかもしれません。そうすると、結果として気持ちや考えがひっくり返って変わってしまうので、こちらはちょっとびっくりして頭の切り替えができなかったりするのですが、話すことによって、気持ちや考えがガラッと変わることは珍しくないことだと、押さえておきたいです。

その典型的な例が、子どもが〝絶対〟と言うときです。経験から言うと、「私は絶対～しません」と言った場合に、それがしばらくしてひっくり返って、言っていたことと逆の選択をするようになる確率は結構高いように思います。「私は絶対キャプテンにはなりません」とか「絶対大学には行かないと言っているのに聞いてもらえません」とか「恋愛なんか私には絶対ありえない」と言うようなときは、意外と逆の結果になることが多いのです。どうも〝絶対〟と言うようなときは、気持ちや考えが頂点か最下点のところにあって、話したことをきっかけにしてベクトルの向きが変わって下降や上昇に転じるのではないかと思います。

こういう経験を何度も繰り返していると、子どものいまの気持ちや考えをしっかり受け止めることが、その子の人生の一歩を進めることに、少なからず役に立てているのではないかと思えたりします。〝絶対〟という言葉はインパクトがあるので、こちらに強く影響して子どもの変化についていけないことがありますが、子どもはどんどん変化するもので、試行錯誤や紆余曲折があることが当たり前、それが成長していくプロセスなんだ、と自分に言い聞かせるようしています。自分の中に〝前はしないと言っていたのに！〟という思いが起こってきますが、そういう思いを静かに抑えながら、頭の切り替えをしてしっかり聴くように努めます。

大人の重し

『銃・病原菌・鉄』の著者ジャレド・ダイアモンドさんは「〝いつ〟〝どこで〟生まれたかということがそれぞれの人の形成のかなり大きい部分を占める」と言っています。人は誰でもある時代を生きるわけで、ある時代ある国のある地域に、そこに住む人々の影響のもとに生活します。現実の社会から隔離されて、実験室のシャーレの中で純粋培養されるような生活をすることは普通はありえないので、どんな子どもたちも、この時代の日本社会の影響を受けるわけです。

まず、日本社会は大人が多くて子どもが少ないということがあります。日本の人口の最大のボリュームである団塊の世代と団塊ジュニアの世代は、現在の子どもたち（出生数、平成二四年、約一〇三万人）のそれぞれ約三倍（昭和二四年、約二七〇万人）と二倍（昭和四八年、約二〇九万人）の出生数でした。単純にいうと子どもたちの上に数倍の大人が乗っかっている感じです。逆に団塊の世代が子どもの頃は、子どもだらけで大人が少ない社会だったのです。それには平均寿命も影響しています。平均寿命が男女とも五〇歳を超えたのは戦後（昭和二二年）で、現在ではそこから約三〇歳も伸びています。団塊の世代が子どもだったときには、親世代だけでなく高齢者も少なかったのです。たくさんの子どもの上に、少ない大人しか乗っかっていなかったわけです。しかし現在日本には一〇〇歳を超える人が約五万人もいるのです。つまり大人だらけ、しかも幅広い年齢層の大人がたくさんいて、子どもが極端に少ない社会になってしまったのです。

その影響として、まず日本社会の中に子どもたちが自由にできるテリトリーがとても狭くなっていると思います。社会のいろいろな場面で、子どもがのびのび過ごせたり、自由に考えたりしゃべったり、思いっきり活躍できる、子どもが主体で仕切れる時間空間が極端に狭まっていると思います。子どもたちは狭い隙間に追いやられて、まるで階段部屋に押しこめられたハリー・ポッターのようにみじめな状況にあるのではないでしょうか。もしかしたら屋敷しもべ妖精のドビー並みの惨めさかもしれません。

そして、大人はたくさんの知識や人生経験をもっていますから、失敗やトラブルや危険を避けて物事がスムーズに進むように、規則、約束、法律、ルールを考えたり作ったりします。大人がとても多い社会は、どうしても規則、約束、法律、ルールが多くなって、子どもたちにとってはそれが重くのしかかっていると感じられる社会ということになるのだと思います。

例えば子どもたちから聞く学校の校則は〝シャーペン禁止〟〝廊下で立ち話してはいけ

ない〞〝となりのクラスに行ってはいけない〞〝（髪をたばねる）ゴムを腕にまいてはいけない〞など、（大人の都合が優先するのか）かなりへんてこりんなものまであります。教室でおやつを食べたということで、全校集会が行われる、などということも、あまり特別なことではないようです。校則に限らず、公園でも〝ボール遊び禁止〞〝木登り禁止〞〝走り回ってはいけない〞〝大声をあげてはいけない〞という規則の嵐です。子どもたちのまわりには、無闇に自由度を奪う規則の網の目が張りめぐらされて、がんじがらめになっているようにすら感じられます。

ときどき〝最近の子どもはわがままになって仕方がない〞と言われる、日頃子どもと接することがないような年配の方にお目にかかります。あるいは、〝いまの子どもは豊かになって楽でいい〞と言う方がおられます。しかし、私はいまの子どもたちは狭い時間空間の中で、規則、約束、法律、ルールに縛られて、とても生きにくい社会を懸命に生きているように感じることが多くて、いつも大変だなあと思います。

家族の重し

そして、子どもたちは身近な家族の影響も大きく受けて生きています。遺伝的なものを含めて、自分というものを形作っている考え方や嗜好や価値観や生き方に、家族が大きな影響を及ぼしています。そのことはあまりにも自明なことのようでいて、意外と子どもや若者あるいは最近は大人に至るまで、しっかり意識されていないように思うのです。

どういうことかというと、まず子どもたちに家族のことを尋ねても、ほとんど何も知らないことが多いのです。親のことで言えば、仕事や交友関係、親戚づきあい、生年月日(干支)、血液型を子どもたちは知りません。出身地、子ども時代の遊びや学生時代の勉強、部活やアルバイトの経験など、どう育って何をしてきたかはほとんど知らないです。親が若い頃、何を考え、失敗したり成功したり、合格したり挫折したり、迷ったり決断したり、喜んだり悲しんだりしてきたかは、まずほとんど知らないです。親は完全無欠でパーフェクトな聖人君子と思っている場合も多いです。そうあってほしいという願望がそうさせる場合もありますし、実際に親と接していなくて話をしてもらっていなくて情報がない場合、それ以外の大人と交流がもてないので親が全てということもあるでしょう。長いプロセスを知らなくて、結果だけが自分の前にあるという感じでしょうか。父母がどうやって知り合って恋愛したのか結婚したのか離婚したのか、何も聞かされていない場合が多いです。祖父母のことになると名前すらわからないことがありますし、意外なことにきょうだいのことも、クラスや友だちや何を習っているかなどを知らない場合が多いのです。おそらく日常触れ合うことが少なく、個々バラバラに生活する時間が多いのが原因ではないかと思います。

話はまた少し横道にそれますが、子どもや若者に尋ねると、尊敬する人のほとんどが両親や祖父母だったりします。そう聞くと家族が一見重要な位置を占めているようなのですが、実はよく家族のことを知らない場合も多いのです。しっかり働いて自分たちを食べさせてくれている、学校にやってくれているから尊敬しているというのは、至極もっともなことなのですが、親戚はおろか友人や知人や近所といった他の家族の様子をほとんど知らないので、比較され相対化された上での尊敬ではなくて、父母や祖父母のことしか、それもある一面しか知らないから尊敬しているという感じなのです。ときとして、その尊敬がひっくり返って憎しみや軽蔑の感情に逆転する場合も、同じように我が家のことしか知らず、それが自分にとってネガティブに働いたことに対するある意味一途な思いによる反発感情だったりします。

話を戻します。かつては子どもや若者が家族のことを知らないということはもっと少なかったのではないかと思います。それは大人の側に継承するべきもの、伝えるべきものがあって、大人がもっと子どもや若者に話をしたり伝えていたからではないかと思います。先祖から代々住んできた土地や地域に根ざして、田んぼや畑というような生きる糧を得るために先祖から引き継いできた仕事に関わるものがあり、寺や神社のおまつりに関すること、年中行事や正月料理などの家族として伝えていく風習や文化が、少なからずあったと思います。親族や近所や地域の人々のことも知らなければ、生きていけなかったので教えられました。しかし現代の日本社会はどんどん変化して、しかもそのスピードが加速度的に上がっています。人々は自然や土地と離れて仕事をし、親戚の数も地域との付き合いも少なくなり、寺や神社との関わりも薄くなり、結婚式はおろか葬式まで（由々しきことに）とうとう行われなくなってきた家族まであります。そんな中では、伝えていく必然性も、伝えていかなければならない意識も薄れてしまっているように思います。そういった社会の大きな変化を背景にして、とにかく家族での会話が少なくなっていることと、大人が家族に関係することを子どもや若者に語らなくなっていることが大きな要因で、子どもは家族のことを知らなくなっているのだと思います。

　そこで子どもにとって何が大変になるかというと、家族の様々な歴史や事情が現在の自分に大きく影響して、ある場合はのしかかって自分を苦しめる原因になっているということが、子どもにはほとんど意識されずわからなくなっているということです。こちらからは、子どもが抱えている困難さや苦労が、明らかに家族が抱えてきたものが連鎖するようにのしかかっているように見えます。まるで両肩に石臼でも担いでいるんじゃないか、頭の上に大きな荷物でも乗せているようにすら感じられることもあります。しかし子どもは、それに一向に気づかず、何か身体が重くて動けないとか、頭痛がして首も痛くてしょうがないけれど、さっぱり原因がわからないという感じなのです。そして、そういう現在起こっていることや状況が、すべて自分の責任で自分が悪い、と感じて自分だけを責めてしまうのです。成績が上がらなかったり、不登校になったり、対人関係がうまく取れなかったりすることの全てが自分のとってきた態度や行動、あるいは考えたことの結果で、自分の責任だと考えてしまうのです。そうではなくて、まず自分には家族の重しがのしかかっているということをもっと知ることが大切だと感じています。家族は大きないのちの川の流れのようなものですから、まずそれがどんな川でどんな流れかを知ることが、子どもには必要だと思います。

例えば、父親がとても勉強に厳しいのは、父親自身が職場で学歴で辛酸をなめさせられてきたからかもしれません。親に何を尋ねても〝自分で決めなさい〟というのは、親自身が祖父母から何も自分で決めさせてもらえなかった反動かもしれません。受験のときに家族が応援してくれなかったのは、父の浮気がばれて夫婦仲が無茶苦茶で両方精神的にまいっていた時期だったからなのかもしれません。祖母が食事のしつけにとてもやかましいのは、軍人上がりの曽祖父に幼い頃から武家のしつけをされてきたからかもしれません。母が妹には甘くて私には異常に厳しいのは、母自身が農家の長女としてたくさんの弟妹の面倒を見ながら家事一切を取り仕切ってきた人だったからかもしれないのです。

かつてはきょうだいが多く、祖父母だけではなく、伯父叔母従兄妹から遠い親戚や近所のおじさんおばさんまで、盆正月に限らず彼岸だ、命日だ、いとこ寄りだ、婦人会だ、集いだと集まって、飲み食いしおしゃべりしました。そういう場では、地域の歴史や家族や親族の様々なエピソードが何度も語られ、子どもたちもいろいろな角度から自分の家族のことを知る機会がありました。話すこと、物語ること、それを聞くことが娯楽であり、情報交換とコミュニケーションの重要な場があったのだと思います。そういう習慣が多くの家族で失われているので、子どもたちは様々なつながりの場で情報を得て、家族のことを知り自分を位置づけることができなくなっているのだと考えられます。

そういう日本社会全般に失われかかっている、人と人をつないで家族を支えてきた機能を、わずかな時間でのやりとりで補うことは到底できません。ただ「相手のことを考える」や「自分のことを知る」のところでも述べましたように、自分とまわりの状況を一緒に考えて家族全体の様子や構造を知ることができることはありますし、その中での自分のあり方を一緒に考えることはできると思います。

家族に、天災や事件や事故、差別などの重たい歴史がのしかかっている事実に少しでも気づけたり、人間関係では嫉妬やライバル心や妬みもあれば、地域には昔からの慣習や風習があることを確認できたりもします。自分のライフヒストリーを丁寧に話していく中で、ときには〝そんな理不尽なことに巻き込まれたら誰だってそういう行動をすることもあるよね〟と確認できることもあります。様々な人の関わりが自分のまわりにあることがわかってくると〝自分だけに問題があって責任がある〟という呪縛から少しでも解放されるのではないかと思います。

言葉にならない声

東北で子どもや若者の支援をしている若いカウンセラーの方とときどき交流させていただいています。一緒に厳しい状況にある子どもたちに会いに行ったり、情報交換をしながら様々に学ばせてもらっています。初めてお訪ねしたときに、彼女から、いかにとてつもなく困難な場に身を置いているのか、というお話を伺いました。時間も空間も自分が自分であることすらちゃんと感じられないような困難な状況の中で、辛うじてなんとか支援の仕事をしているけれど、自分でもいつ、どこで、何をしたか覚えていない、これからどうしたら少しでも厳しい状況にある子どもたちを支えられるのか、どうしたら支援している側も潰れずに仕事をやり続けられるのか、という話をしているうちに、彼女がため息をつくようにぽつんと、「身体の中にあるいろいろなものを、言葉にしないで癒す方法を教えて下さい」と言いました。

彼女は日々言葉にできない重たい経験を抱えた子どもや大人に向き合っているのです。私は「う～ん」と唸ったまま沈黙するしかありませんでした。とうてい言葉にすることが困難なことに向き合ったとき、私たちは果てしない沈黙の重さに耐えるしかできないのかもしれません。私は、せめて彼女が気持ちを言葉にするのを受けとめたいと思いましたし、歌ったり踊ったり、何か表現するのはどうかなあと、提案したりしましたが、本当はそういうことが尋ねたいのではないのだろうなあと思いました。私の身体にも、なんだか重たい石が入ったような感じがしましたから、彼女は全身がそんな感じなのかもしれません。

そして私はこのことを忘れないでいようと思いました。ずっと東北に向き合うことはできなくても、私にできる範囲のことはやりたいなと思うのです。そして私は、言葉にならない声に耳を傾け続けたい。いつか言葉になるように、たとえ言葉にならなくても、そうし続けたいと思います。そのためにも、様々なことから学び続けて聴く力を高めていきたいと思うのです。

本気になって聴く

一〇年以上も前ですが、忘れられない電話があります。その日は五月の子どもの日のイベントとして二四時間電話を受けていました。二二時頃からは深刻な悩みを訴える中高生の相談が増えて、一人の話す時間が長くなったのを覚えています。午前二時すぎ、キャッチャー（聴き手ボランティア）の学生が受話器に耳を押し付けるように聴き始めました。か細い消え入るような声でボソボソと話している感じが伝わってきます。回ってきたメモによると、かなり厳しい内容の電話だとわかりました。私は「とにかく気合いを入れ直して聴くことに徹しろ～」とメモで檄を飛ばしました。しばらくして「あなたがとても大切な存在だというメッセージを伝えてほしい」というメモを渡したら、キャッチャーは静かにうなずいてメモをぽんと机の上に投げると、より一層集中して聴いていきました。

少し話してはしばらく沈黙が続いたりしますが、キャッチャーは集中を切ることなくじっと聴いています。学校のこと、家族のこと、少しずつ語られる内容はとても重たく、そして沈黙です。また話が再開すると話が少し展開し、背景になるような、以前からの厳しい事実が明かされていきました。キャッチャーは「ああ、それでなんだね」「そうか～なるほどね」と聴き込んでいきます。

沈黙が破られる度に話が少しずつ広がります。声が少し大きくなり、元気さが出てくるのが伝わってきます。三〇分四〇分経つと、声のトーンが明らかに変わってきました。話の内容も普通の若者どうしの会話に近づいていきます。そして受話器から笑い声が漏れてくるのが聞こえました。「あの、お兄さん名前教えてもらえます?」「いやあ、名前は教えられないことになっているんです」「じゃまたかけてもいいですか~」「いいですよ」「じゃあねーバイバイ」「バイバイ」と最後はあっけなく終わってしまいました。

受話器を置いたキャッチャーは「フーッ」と息を吐き、ヘタリ込むようにソファーに腰を下ろして、しばらく一点を見つめていました。しっかり気持ちを受けとめられただろうか、言葉は適切だったか、何のアドバイスもできなかったけれど良かったんだろうか、いっぱい勉強したしトレーニングも受けたけれど自信など全くなかった、少しは役に立てたのだろうか、と次々に思ったそうです。

そばで見ていた私は、初めはかけてきた子のことで頭がいっぱいになりましたが、途中から彼の必死な姿を見て、それに見とれていました。彼は社会福祉士を目指して勉強しているとはいえ二〇歳の学生です。援助の専門家ではもちろんありませんし、いままで人の相談に乗ったこともありません。今日初めて子どもの話を聴いたのです。しかし、話している子どものことをまるで自分の妹のように心配し、スキルだ理論だということなど飛び越えて、無我夢中で聴き続けたのです。するとまるで乾ききった硬い地面からじわじわと水が染み出してきて、それが少しずつ増えてきて水がたまりだし、終いには昔から湧き出ている泉からどんどん水が溢れ出すように、子どもがみるみる元気になっていったのです。

まるで映画の一シーンを見ているようでした。終わった後彼はじっと自問自答していたわけですが、その場にいて様子を見ていた私たちは、みんな魂が震えるような感動を体験することができました。どう表現してよいかわかりませんが、私たちにも何かができる感じがしたのです。子どものいきいき感が伝わって、私たちの中にも何かが流れ始めたのです。

このことから私が学んだことは、本当に集中して聴くことの大切さです。いつもいつも完璧に集中できるわけではありませんが、ここぞというときには、いつでもトップギアに入れて本気で聴ける準備をしておきたいです。

早い時期に受けとめたい

毎年一一月は厚生労働省が定める児童虐待防止推進月間なので、チャイルドライン活動もキャンペーンとして取り組んだりします。マスコミで取り上げてもらうことも増えるのですが、ある年夕方のニュースで電話番号を紹介していただいた影響か、大人からの電話が次々にかかってくることがありました。チャイルドラインは子ども専用電話なので、その旨をお話してお断りしようとしてもなかなか納得していただけず、若い学生のキャッチャーなどが対応に困って事務局の私が電話を代わることが四~五回続きました。そのうち三人の方が似通った内容だったのでよく記憶しています。みなさん「私が子どもの頃の話を聞いてほしいのだから、いいでしょう！」と譲られないので、時間を一〇分と区切ってお話を伺いました。伺うと三〇～四〇代の女性の方で、みなさん現在精神科に入院していて、携帯でかけてこられていました。自分が子どもの頃いじめにあったり、家庭で虐待を受けていた、それはそれはひどい状況だった、というお話でした。そしてみなさん異口同音におっしゃられるのは〝謝ってほしい〟ということでした。

入退院を繰り返しておられる方も、ずっと入院しておられる方もいらっしゃいましたが、小中学校時代の厳しい被害体験が、二〇年経ったいまでも自分の生活を直接脅かして、普通に日常生活を送ることができないのです。その苦しさや痛みの切実さがヒシヒシと伝わってきました。そのときは、大人の方々の訴えを充分に伺うことができずに、他の大人用の相談電話を紹介して終わらせてもらいました。申し訳なかったですが、しかたありませんでした。

しかしこの経験は、子どものときに話を聴いてくれる人の必要性、気持ちを受けとめてくれる人がいることの重要性を再認識させてくれました。子どもが何か嫌なことや困ったことがあったときに、できるだけ早い時期に話を聴いて受けとめることができれば、たとえすぐに解決につながらなくても、その後々にまで影響するような問題になることを少なくすることができると思うのです。身近にそういう受けとめる人がもっと増えればよいなあと思います。私たちは、電話をくださった大人の方々のメッセージをしっかり受けとめて、子どもたちの未来に対して、少しでも同じような厳しい生きにくさを抱える子が少なくなるように努めなければならない、と思いました。

好きなこと

大好きな食べ物やテレビ番組、いまマイブームの趣味やスポーツの話をしているときは、人は誰でも楽しい気持ちになりますし、実際盛り上がって話が弾んでくると、身体の体温が上がってその場の空気まで暖かくなってくるように思います。それが子どもの場合はもっと短い時間ではっきりと元気が出てくるのがわかったりします。最近、好きなことを子どもに尋ねても「ない」「別に」「だいたいふつう」「わからない」と答えてくれなかったり、答えられないいんだろうなあと思う子が多くてとても心配になります。

小学生で、よく「友だちが欲しい」「誰かと仲良くなりたい」という子がいます。なかには「親友が作りたい」という子がいて、子どもたちの中に〝友だち（できれば親友）をもっていなければならない〟プレッシャーがあるのだなと感じるわけですが、いずれにしても子どもたちにとって、仲間が欲しいという思いは人がもつ根源的で非常に強い欲求だと思います。そういう子に「お友だちができたら、何して遊びたい？」と尋ねると、「どうぶつの森」とか「ケイドロ」とか「楽しいお話がしたい」という子がいる一方で、しばらく待っても「……」ヒントを出しても「……」と何も出てこない子が結構います。こういう子たちはとりあえず友だちが欲しいと言っているだけではないかとも考えられるのですが、どうもしたいことを決められる〝自分〟が育まれていないような気がします。私自身が昔兄ちゃん子で、兄の後ろにくっついていた時期もあるので、もしその頃同じように「何して遊びたい？」と聞かれたら「何でもいい」とか「兄ちゃんと一緒の！」と答えたかもしれません。そういう場合もあると思いますが、自分がしたいことがないというのが、おおもとの悩みというか問題なのではないかと考えられます。

つまり、「一緒にオセロがしたい」とか「『精霊の守り人』のお話がしたい」とか「エヴァのフィギュアを見せたい」というように自分のしたいことがある子は、実際にまわりの子の様子を観察して共通点を探したり、一歩踏み出して話しかけたりしやすいと思います。そこで自分がしたいことを提案して、もしうまく乗ってくれればうれしいし、自分のしたい遊びだけしてたらバランスが悪いので相手のしたい遊びもしよう、ということにもなるのではないかと思います。そういうプロセスを経ながら友だちになったり離れたり、また別の子とくっついたりするのではないかと思います。しかし全くしたいこと遊びたいことがない子というのは、友だちと出会いにくいし、つながりにくいのではないかと思うのです。

そういう自分のしたいことが言えない子や逆に自分の好きなことを一方的にしゃべり続ける子の話に耳を傾けていると、家族がバラバラの状況だったり、異常に厳しいしつけをされていたり、無茶なスケジュール管理で疲れている様子が見えてきたりします。そういうしんどい状況に想いを馳せながら、日頃どんな気持ちで生活しているのか聴いていくと、少しずつ〝本当は〟とか〝できれば〟とか〝引っ越したら〟という願いや希望を表す言葉が出てきて、「〇〇だったらいいのにね」というやりとりができるようになることもあります。

そうやって、たくさん辛い気持ちや苦しい気持ちを吐き出したあとに、自分が好きな話ができると、子どもたちの元気さがみるみる出てきて伝わってくることが多いです。やっぱり好きなことや楽しいことを話したり何かに感動したりできるのは、子どもたちにとって（自分を）生きることそのものだなあと感じます。

自分を諦めない子

私がいままで出会ってきた人の中には、とても素敵な人がたくさんいます。様々な数奇な人生を歩んでおられる方もいらっしゃいますし、大変な苦労をされてこられた方も結構います。その中でもいろいろな意味でサバイバーと呼んでよいような方が何人かおられます。まるで綱渡りのような経験をずっと重ねながら生き延びてこられたのです。

そういう方のお話を伺っていると、共通するところがあって、それは出会いがあることです。綱渡りの連続であった過酷な幼少期や思春期に、一時期ではあっても自分の味方になってくれたり守ってくれる人がいたというのです。残り物の弁当をこっそり分けてくれるコンビニの店長がいたり、黙って保健室で休ませてくれる養護の先生がいたり、数日間だったけれど親身になって世話をしてくれた遠い親戚のおじいさんがいたり、スーパーの試食を何度も食べるのを見逃してくれたパートのおばちゃんがいたり、生活費を稼ぐためにした禁止のアルバイトを見逃してくれた先生がいたり、したのです。それは数回やわずかな期間に過ぎなかったり、ほんのちょっとした気遣いだったりしたわけですが、大海原を漂流する子どもにとっては、沈まないようにつかまることができる浮き輪のように、生き延びる命綱になったのだと思います。

その方々は何度も海に沈みそうになります。いや沈みます。少年院に入ったり、引きこもったり、精神科に入院したり、風俗で働かされたりします。そこからやっと抜け出したかと思ったら、失業したり、犯罪に巻き込まれたり、事故にあったり、大切な人が急逝したりと、また海に放り投げられるような目に合います。でもそういう方はなぜか出会うのです。それは一緒に馬鹿騒ぎしてくれるカラオケ友だちだったり、ちゃんと叱ってくれる勤め先の上司の奥さんだったり、愚痴を聞いてくれる喫茶店のマスターだったり、面倒見の良いパートナーだったりします。そういう人につかまりながら、何とか岸までたどり着いて生き延びてこられたのです。

そこでつくづく思うのは、子どもの頃にどこかでちゃんと受けとめてもらえた経験のある子は〝自分を諦めない〟ということです。いろいろ困難なことが続いて潰れそうになっても、どこかで自分が幸せになることを諦めない、自分が自分であることを保とうとする力を感じます。そして自分を諦めない子には、なぜか出会いがあるのです。あのときのあの人のような人がきっとまたどこかにいるかもしれない、と心の底で思っているのではないかと思います。そういう子には瞬間の目の輝きがあったり、生きようとする迫力が現れるのではないでしょうか。そして出会うのです。

これらの事実を知ると、私たちが大したことはできないと思っている一回の電話や相談を「たかが」とか「大したことはできない」とか「聴くだけしかできない」なんて言っていられないことに気がつきます。もしかしたら私は、いま話をしてくれている子どもにとって小さな浮き輪になれるかもしれないのです。ひょっとすると、その浮き輪はその子の心の中にずっと生き続けるかもしれないのです。チャレンジしないわけにはいきません。

社会を癒す

もうかなり以前のことですが、社会派のジャーナリストの方と数日ご一緒させていただいたことがあります。取材の様子などいろいろお話を伺っているうちに、私は日頃人にしない話をたくさんしていました。彼は、ときどき大きくうなずきながら静かに聴いてくださって、私は何だかすっかり話して私の全てをわかってもらったというか、ぱあっと気分が軽くなるような感じがしたのです。もううれしくてしょうがない、とっても幸せな心持ちになりました。こういうのを〝浮かばれる〟というのかと思いました。私は生まれて初めて、話を聴いてもらって癒されるということを体感したように思います。こうやって話を聴いてもらえたなら本望だと思うし、どうぞ私のことを記事にしてください、となられる方も多いだろうなあと思いました。社会をも動かす文章を書くというのは、そのベースに本当に地道に人の話を聴く活動があってのことなのだなと実感しました。

彼が書くルポルタージュは、読む人々の心を癒し、社会をも癒すものだと思っていましたが、その背景には、社会の底辺や厳しい状況にある方々を聴く力で癒す活動があることがわかりました。聴く力というのは、単に個人を癒すことに留まらないで、社会全体をも癒し、変えていくことができる、とてもパワフルな営為なのだと思います。

5 スキルと考え方の道具箱

この章では、前章までに話してきたいろいろなスキルの背景にある子どもを受けとめる考え方や、様々な場所で子どもと関わるスキルについて、話したいと思います。少し雑多な内容を集めた拾遺の章となるので、〝道具箱〟としました。

話し合うことと行動すること

最近、学んでばかりでなかなか行動に移せない大人が増えていると感じています。豊かになったあらわれなのかもしれませんが、市民講座やボランティア講座では結構たくさんの人が学んでいるのに、実際に社会の困難な問題に向き合って行動する人がかなり減っている印象があります。とにかく実践することをためらうというか、誰かに批判されることをとても恐れているのか、何かの問題に自分が責任を担って取り組むことをできるだけ回避しているように私には感じられます。とても残念です。学ぶだけ、考えるだけで行動しない人ばっかりになった社会は、身体に例えれば、頭が肥大化して手足が萎縮し、しかも血が通わなくなった状態だといえます。このままでは日本社会という身体は麻痺状態になり、いずれは壊死してしまうのではないかと心配になります。

しかし一方で、若い人たちの中には積極的に子どもの問題や社会の問題に向き合っている実践者も確実に増えています。そういう若い人と話をするのはとても楽しいし、頼もしいです。例えば、多くの大人は相変わらず講師が一方的に話をする講演会をたくさん企画しています。様々な講演会に行きますが、参加者の高齢化率はどんどん進んでいる感じがします。そこでは、著名な講師の立派な講演を拝聴してうなずきながらノートを取って終わることが多いです。残念ながら、バトルはおろか質問もなければ議論もあまり起こりません。しかも講師となる人に現実の困難な問題に向き合っている実践者が少ないので、講演で学んだことを実践に移せないことがほとんどなのです。

一方で、若い人たちは、ワールドカフェなど様々な参加型のワークショップを開いて、自分が様々に経験してきたことや考えを語り合い、互いに刺激し合い情報交換し合っています。そこでは意見がぶつかったりする議論が起こり、たくさん語り合うことで共通の認識が作られたり、新しい発想やアイディアが生まれたり、参加者それぞれの意識が高まっていくプロセスが進んでいきます。私はこれがとても重要だと思います。これからの社会は、みんなが参加して話し合いをしながら作っていくプロセスを経験した、高い市民意識をもった人々によって担われていくものだと思います。そして、学びとは、現場で重ねた実践を言葉にし、語り合い高め合っていく中から得られる経験知のことだと思います。決して話を聞いてノートを取るだけでは得られない経験から得た知恵です。特に若い人たちは、勇気をもって、小さくても現場で実践を重ねながら、その経験を言葉に紡いでいくプロセスを歩んでほしいと思います。私はそういうがんばっている方々に少しでも役に立つ、小さな経験知としての〝気持ちを聴くスキル〟を提供したいのです。

それぞれのスキル

私はスキルにはその人の理念や哲学が宿ると思っています。それで、タイトルにもスキルという言葉を選び、気持ちを聴くためのポイントとなるスキルから書き始めました。特に、人々が実践に向かうきっかけになってほしい、実践に役立つツールになってほしかったので、スキルを中心に話を進めてきました。

しかし、この本で示したスキルは実践のための入口です。このスキルをヒントにしたり、気に入ったものを身につけて、ときにはとりあえず真似してみたりしながら、子どもの声を受けとめる実践をしてほしいと思います。やっているうちに、子どもにはもっと必要なものがある、という強い思いが出てくるかもしれません。そういう思いから発して〝こう関わってみよう〟という新しい取り組みが生まれ、何度もチャレンジしているうちに、それが形になってその人のスキルになることもあると思います。

あるいは自分のやり方はこの本とは全然違うなと感じるかもしれません。それでよいのではないでしょうか。スキルとは、実際には子どもとの関わりの現場で瞬間的に生み出されたものの積み重ねだと思います。現場や相手が変わればスキルも変わると思います。実践の中から身につけたスキルは、もしかしたらこの本と似ているかもしれませんが、その人の現場で自分の手足のように自在に使いこなせるようになって初めて、本当に役に立つスキル、自分のスキルになるのだと思います。

忙しい大人

漠然とですが、この一〇年間、子どもと接したり話したりしていても、家庭での親と子の様子が伝わってこなくなっている印象があります。一緒に食事をしたり風呂に入ったり、汗を流して遊んだりジャレあったり、スキンシップや感情的なものを伴う日常的な関わりが少しずつ減っているのではないかと思います。とにかく親は忙しくて心身ともに余裕がないのだと思います。戦後と比べて子どもの睡眠時間が一時間短くなったと言われますが、そのおおもとは大人自身の睡眠時間がかなり減少し、生活時間が夜型になっていることの影響ではないかと思います。とにかく大人の余裕がなくなっているような気がします。

「お友だちにいじめられているんですけど、どうやって謝ったらいいですか?」という話を聴いたことがあります。最初「?・?・?」となりました。謝るって、この子はいじめたほうなのかな、何かの言い間違いじゃないかなと思いました。子どもの場合、初め自分から何かいじわるをした後に立場が逆転していじめられる、ということもあるので、そのことを確かめました。でも、どうもそうではなくて、一方的にいじめられているようなのです。学校やいままでの友だちとの関係について詳しく聴いていって、家庭ではどういうことになっているのかと思って「おうちの人に話してみた？」と尋ねたら「お母さんに話した」というので、「なんて言ってた？」と聞いたら「〝とにかくあなたが謝ってきなさい〟って怒られた」と言うのです。親に状況をうまく伝えられないのかもしれませんし、いつもその子がトラブルを起こしているのかもしれませんが、いろいろ詳しく聴いていっても、つじつまの合う状況把握はできませんでした。とにかく母親は忙しくて子どものことをじっくり考える余裕がなさそうだということは伝わってきました。ここからは推測の域を出ませんが、母親は自分がこの問題に関わって、担任の先生やお友だちの家庭に連絡をとって問題解決をする余裕がないのではないかと思いました。それで、自分の問題は自分で解決しなさいというわけです。おそらく母親もかなり孤立した状況にあるのではないかと思います。本当に厳しいなあ、この子は立つ瀬がないなあと思いました。何をどう受けとめたものか、とても悩む電話でしたが、子どもはもっと悲惨な状況なので、とにかく「どうしたらいいんかなあ」と一緒に嘆きました。「お母さんが、もうちょっとしっかり聴いてくれたらいいのにねえ」とは言ってみるものの、基本的にはその子のしんどい気持ちを受けとめることに努めるしか、できることはありませんでした。これは少し特別な例かもしれませんが、何かいまの親の多忙さを象徴しているようにも思うのです。

また、子どもたちの話の中に、学校生活で先生と子どもが交流している姿が伝わってくることが本当に少なくなってきたなあ、と思います。想像するに、先生も本当に忙しいのだろうなあ、と思います。子ども自身も忙しいのですが、子どもを取り囲む親も先生もとても忙しいので、とにかく一緒に過ごしたり触れ合ったり、子どものことをじっくり考えたりお世話したりする余裕が極端に失われていて、子どもたちはそんな中で、ときには困ったことになっても、なかなか相談できにくいのだろうと思います。

聴く姿勢

子どもがやってきたとき、当たり前のことでもなかなかできないのが、まず聴く姿勢をとるということです。大体大人は何かしながら片手間で聞いてしまいます。もう一〇年以上前ですが、私もパソコンをしながらいい加減に娘の話を聞いてしまって、信頼をなくしたことがあります。何か学校であったらしく、帰宅して私のところに来ていろいろ報告をしてくれたのですが、私はふむふむと上の空で聞いていて、気づいたら娘は「行ってきま～す」とランドセルを置いてどこかに行ってしまいました。翌朝娘は何やらかみさんに叱られていたのですが、「だって、お父さんに言ったもん」という声が聞こえてきました。申し訳ないことをしたなあと思ったのですが、ことはそれだけではすみませんでした。それから娘は私にあんまり報告をしてくれなくなったのです。これは大きな問題です。子どもは言っても通じないと感じる人にはだんだん言わなくなりますね。

子どもと（大人も同じだけれど）接するときは、まず相手のほうをちゃんと向いて聴く、という基本的なことが大事なのだと改めて思います。逆に言えば、最初子どものほうを向いてしっかり聴いておけば、あと雑談になったりしたら、半分パソコンに向かったり新聞に目を通しながらでも、良いかもしれません。とにかく最初にちゃんと受けとめるという小さな覚悟のようなものが必要で、それが定まっていないと、子どもは話しても無駄だと感じてしまうのです。

やはり忙しそうにしている大人には子どもは話をしに来てくれません。ゆったり構えて、いつでも聴くモードに入れる状況でないと、子どもは話しかけてくれないし、話を始めてもしっかり受けとめられません。子どもと接するときはそういう余裕（遊び、隙間、抜け道）がいるなあと思います。

「あのね」

大人に余裕があるときに子どもがやってきて、「あのね」と話を始めるときがあります。『一年一組せんせいあのね』という名著がありますが、この「あのね」や「えっとね」と子どもが話し始めたら、しばらくは手を休めたり、しっかり耳を傾けて聴く必要がある重要なサインだと考えます。「あのね」や「えっとね」で子どもが始める話は、いままで話していなかったことや実は大切なお話があるのだけれど、というその子にとって特別な（何か秘密の）内容を含んでいる場合が多いのです。「ひどいいじわるを言われるの」とか「おばあちゃんにもらったプレゼントを失くしちゃった」とか「けんかしてぶっちゃったんだけど」とか「中学生が万引きしているのを見てしまった」という、どこか困った話とか、どうしたらよいかわからないというパターンと、「飼っているカブトムシの幼虫が成虫になったよ」とか「初めて逆上がりができた」とか「わたしホントは双子なの」とか「お月さんがまんまるだよ」とか「ボクはポケットに宝石を持っているけど見せようか」というちょっぴりほのぼのするパターン、の大ざっぱにいうと二つがあります。困ったパターンは場合によってはしっかり聴き込んでいきますし、ほのぼのパターンのときは、「お話聴かせてくれてありがとう」とひとまず受ければよいと思います。

そしてもう一つあるのが、初めのパターンに似ていますが、ただ困っているというよりも、その事実を受けとめていくのがなかなか大変そうな場合です。「ぼくのお母さん外国人なんで言葉がわからないの」「お金を拾ったけど、よそのお兄ちゃんが勝手に持っていっちゃった」「弟と妹はおじいちゃんちにいるから会えないんだ」「うちの犬もうすぐ死ぬんだってお姉ちゃんが言ってた」という感じです。

子どもは成長するにしたがって、少しずつ秘密を抱えられるようになります。たとえば、自分に抱えきれないほどの秘密をもってしまうと、重たい荷物を背負う感じになって、日常生活がいつもと同じに送れなくなってしまうかもしれません。その秘密を「あのね」とか「えっとね」という枕詞をつけてそっとお話して、ちょっと分け持ってもらったり、自分一人で抱え込んで秘密にしないでよいようにしたいのだと思います。『禁じられた遊び』というテーマ音楽が有名な古い映画があります。戦争で家族を失った子どもが、十字架を並べてお墓を作って遊ぶ姿を描いています。一般に子どもはなかなか秘密のお話ができないので、遊びで表現しようとします。でも、この人だったらお話してもいいかなと思ってくれたのかもしれません。ですからしっかり聴きたいです。やっぱりそういうお話は幼い子どもからでも重たい内容が出てくる可能性がありますから、これはちょっと厳しい内容かもと思ったら、ちょっとお腹に力を入れ直して受けとめます。

結構大変な内容を含んでいても、子どもは〝いまからびっくりするようなお話します〟と言ったりはしません。実際には大変で抱えきれないという状況ではあるのだけれど、その何がどう大変なのか問題なのかを客観的に考えられないのが子どもです。それで、子どもは平気な顔でこちらがびっくりするようなことを言ったりします。そこで、あんまり動転して「なんでそんなこと早く言わなかったの！」となって、子どもがその先の話ができなくなったりたりしないようにしたいです。「あのね」「えっとね」と言ったら、もしかしたら結構大変な話が出てくるかもしれない、という心構えを心の中で静かにしたいです。場合によっては、子どもの目線に合わせて身体の重心を下げて、そっと子どもの体に触れたりしながら聴いたりするとよいと思います。

この「あのね」の重要性について最初に教えてくれたのは、宮城県仙台市の子どもグリーフサポートステーションで、家族など大切な人を失くした子どもたちのグリーフサポートに取り組んでおられる西田正弘さんです。西田さんは、長年あしなが育英会で交通遺児や自死遺児のつどい活動やファシリテーター養成に携わってこられました。子どもたちは日常生活ではなかなか言葉にできない思いを、同じような体験をもった子どもたちや先輩、あるいは訓練を受けたボランティアがいる温かな空間で、少しずつ語ることができるようになるのです。その語り始めに「あのね」と切り出すことがよくあるのです。子どもたちは、この場所は安心安全で自分のことを話しても大丈夫だと感じると、ずっと心の奥に閉じ込めたような思いを話し出すときに「あのね」と始めるのだと思います。

また「あのね」や「えっとね」は、話の初めから登場するとは限りません。いろいろ別の話をした後に出てくることもあります。また、自分のことではないのだけれど、という感じで話の途中から同じように出てきやすいのが「なんかね」です。この「なんかね」からは、子どもが考えたり思いついたりしたことが話されることが多いのですが、その元の情報が本やテレビで知ったことから、というだけでなくて、〝この前あったあのこと〟や〝大変だったあの事件〟について、自分が考えたことについて話し始めることがあるのです。出てきたものをしっかり受けとめることができると、そこから話が急展開していくこともあります。いずれにしても、「あのね」「えっとね」「なんかね」が出てきたら、ちょっと話のモードが変わるかもしれないと、心づもりをしておくとよいと思います。

その子を応援する

自分のことではなくて、友だちが「いじめられている」「困っている」という相談もときどきあります。そういうときに、その友だちがどんな状態なのか、困っている様子を知ろうとしてしっかり話を聴くのと同時に、話している子のこともどこかで気にかけながら聴くように心がけます。

実際に話を聴いていくと、いじめられている様子や、先生や親がうまく助けてくれない様子が語られたり、自分がいろいろやっても逆効果になったりしたことが報告されたりします。こういうときにも、やはり困っている子の気持ちを聴くと良いことがあります。「ええっ、そんなことされたとき、その子はどんな気持ちかなあ、想像してみてわかる？」と尋ねたりします。そうすると、「よくわからない」と言うときもありますし、「悲しいんじゃないかと思う」と返ってくることもあります。「そうか～、きっと悲しいよね～」とリフレクションします。

加えて「大丈夫かなあ～とっても心配だね～」と言うときもあります。そうすると、子どもが何も言えなくなってしまったりすることもあります。あるいは「悲しい……と思う」と自分のことのように話してくれることもあるのです。そうですね。子どもは誰かのことを相談するというかたちで、自分のことを相談することもよくあります。そういうときは、主語がはっきりしなかったり、考える時間が長かったり、言いかけてやめたりします。途中からうまく友だちの話として言えなくなったりするときもあります。ですから、困っているのが、本当は相談してきた本人かもしれないということも念頭に置きながら、聴くように心がけてください。

それから、困っているその子に何がしてやれるかを一緒になって考えたりしますが、その前にできれば、相談してきた子の思いやりや勇気を支持したり励ましたいです。「お友だちのことを心配してくれているんだね、やさしいねえ」「よく相談してくれたね、勇気があるね」「みんなが仲良く暮らしたいって考えているんだ〜頼りになるなあ」と、元気が出るような言葉をかけます。

子どものいじめなどの相談に限らず、誰かのお世話や応援をしている側の人の相談に乗るときには、困っている人に対してどのように応援したらよいかを考えるだけでなく、応援している人自身のこともぜひ気遣って、身体のことなどを労いたいです。私たちは、間接的な相談に乗るときに、自分には何もしてやれないなあと、相談に乗ること自体を諦めたりしがちです。しかし抱えている重たい荷物を少しでも分け持つことには意味がありますし、相談にきたその人を応援したり労ったりすることは確実にできると思います。そういう点では少しは役に立てるわけですから、目の前にいる人、相談してきたその子を応援してほしいと思います。応援の基本は〝みんなでちょっとずつ、息長く〟です。私も、みんなが支え合うネットワークの一つのスポークになると思って取り組みたいです。

居心地のよい空間

人が集まったり長い時間を過ごしたりする場所には、居心地がよくなる条件というものがあるように思います。私が考えるその条件とは、シンプルにいうと、器と人とコンセプトです。器とは空間のことです。部屋の間取りや広さや天井の高さ、窓の大きさなど物理的にその空間を形作るものです。どうもこの天井の高さが落ち着かないとか、風通しがよくて気持ちいい部屋だなあとか、とてもくつろげるソファの大きさだ、といった器がもつ影響力は大きいと思います。このスペースは通いやすいとか、人を説得するときに相性がよいとか、少人数の会議に向いているということもあります。

それから余談ですが、そこを使っているうちに馴染んできたり、居心地がよくなったり、あるいはその場所が影響力をもつこともあると思います。以前、子どもがいっぱい遊んだ部屋に別の子が入ってきて、たくさんある玩具の中から、さっきまでいた子たちが使った同じ玩具を手にとって遊ぶということが三人四人と続いたことがありました。その玩具が流行っていたわけでも子どもたち同士で伝えたわけでもないのに、そういうことが起こるのは、場所の記憶というか空気感みたいなものが残っていて、次に入ってきた子にも何か影響を及ぼすのではないかと思いました。やっぱり何かを長くやっている場所というのは、それなりの醸し出す空気感が生まれる感じがします。

次にその場所にいる中心となる人が重要だと思います。少々狭くて使いづらいなあと思っても、その人が入ってくると、ぱあっと明るい気持ちになって会議が進んだり、お茶をいれてくれてほっとする人がいたりすると、居心地のよい場所になります。逆にいるだけで緊張したり、声が聞こえてくるだけで疲れる人というのもいます。あんなに人が集まっていたのに、中心になる人が来なくなったら、みんなが集まらなくなったなんてこともよくある話です。やっぱり誰がそこにいるかが、その場所を決める大きな要素だと思います。

そしてその場所をどのような空間にするかというコンセプトも大事です。この部屋では人を傷つけるようなことを言ったりしないとか、掃除するときはみんなでするとか、食事はみんなで楽しく食べるとか、守らなければならないルールやみんなで決めた了解事項のようなものがあって、それが守られていると、安心感がもてて、それぞれがどう過ごすかがつかみやすいと思います。この器と人とコンセプトの三つがその場所の目的に合ってバランスよく揃うと、本当に居心地のよい場所ができるように思います。

神奈川県にある「川崎市子ども夢パーク」と「フリースペースえん」（運営NPO法人フリースペースたまりば）は、子どもたちにとって居心地のよい場所とは何かを考えるためにうってつけのところだと思います。ここの特徴は、非常に守られた空間であるということです。子どもを脅かす様々なものを排除して子どもたちが安心して過ごせる、心と身体の安全基地になっていると思います。特に中にあるフリースペースえんは、不登校など様々に傷ついたり生きにくさを抱えた子どもたちが居心地よく過ごせる場になっています。隠れ家のような入口から入って一見雑然としているようで、一人ひとりが居心地よく過ごせる所が確保される工夫があります。ここには本当に受けとめて見守ってくれる大人がいます。同じような辛い体験をしたり、生きにくさを抱えたりしている仲間がいます。そして毎日みんなで作ったあったかいご飯を食べられるので、ファミリーのようなつながりがもてて、ぬくもりを体感することができます。子どもたちは、本当に安心できる場所で一人ひとりがそれぞれのペースで〝自分〟を大切にできて〝生きている、ただそれだけで祝福される〟実感をもてるので、心の奥のほうに閉じ込めている〝自分〟を取り戻すことが、少しずつできるのだと思います。子どもたちは〝自分〟を生きられるようになると、様々なチャレンジができるのです。

ここは家庭とも学校とも違う、子どもたちにとっての第三の居場所なのです。ここでは家庭や学校では出会えない様々な出会いがあって、豊かな学びがあります。ちょっと年上のお兄さんお姉さんがいて、いろんな経験や個性や才能をもった人がやってきて、自分のモデルになる人が探せます。いつも楽しいことがあって、いろいろな人から話が聞けるし相談にのってもらえて、自分のことを一緒に考えてくれます。長年みんなが親しんできた本や新しい本、ゲームやＤＶＤなどがあって、未知の世界と出会えます。そういう人や物や活動を通して、自分の中の新しい自分とも出会えるのです。

そしていろいろなことが試せます。外のプレイパークに出れば〝自分の責任で自由に遊ぶ〟ことができます。いまの日本の社会は、逆の〝大人の責任（回避や無責任）で不自由にしか遊べない〟まるで子どもたちの手足を縛って目隠しまでしている感じなのですが、ここでは失敗や怪我やトラブルもふくめて自分にチャレンジできるので、様々な体験が自分の血や肉になって生きる原動力になるのです。楽しく遊ぶ、仲間と一緒にチャレンジすることは、一生涯を通じて働くエンジンのような力になると思います。

こんな豊かな出会いと学びの空間が、日本社会にもっとたくさんできたらいいなあと思います。地域や学校や公園や公民館など子どもが過ごす様々な場所が、子どもたちにとって居心地のよい空間で、安心して学んだり出会ったりできる場になってほしいと思います。そんなところでなら、大人もゆったりと構えられて、子どもも「あのね」って話しかけやすいのではないかと思います。

一人ぼっちの背後にあるもの

黄昏（たそがれ）泣きとか夕暮れ泣きといって、夕方になるとよく理由がわからないのに赤ちゃんが大きな声で泣き始めるということがあります。赤ちゃんだけではなくて、子どもは（大人も）夕方になるとなぜか寂しい気持ちになったり、物悲しい感じがしたりします。そして子どもは、夜になると〝恐い〟という感情をもちやすくなるように思います。

福岡県田川市で更生保護施設を運営し、たくさんの不登校の子のお世話や教育問題の相談にのっておられる、田川ふれ愛義塾の工藤良さんは、子どもの頃、夜遅くまで仕事をしている母親が帰ってくるのを待つのが寂しくて、かつて無料だったＮＴＴの一〇四番に何度も何度もかけたそうです。何回も何回もかけてもう暗記している親戚の家の電話番号を尋ねたそうですが、交換手のお姉さんの優しい声を聞いてほっと安心できて、とても救われる思いだったそうです。当時のＮＴＴの交換手の方は、おそらく半分〝またあの子ね〟と思いながら、きっとちょっぴり〝今日は元気がないわね〟などと心配しながら受けとめてくださったのではないかと思います。頭が下がる思いがします。

学校から帰って夕方電話をかけてくる子は多いですが、「なんか暇やからかけた」という子がいました。「特に話したいこともないんやけどな」と宿題やテレビの話を待ったりしていたのですが、ふとこの子は何だか寂しそうだなあと思って尋ねてみると、夕方はいつも一人で、もう少ししたら近所の（仕事から帰った）おばあちゃんちにご飯を食べに行って、帰ってきたら寝るのだと言います。母親は起きてる間に帰って来ることもあればそうでないこともあるようでした。その子の家での様子に思いを馳せながらじっと聴いていると、以前は遠くの町に住んでいたのだけれど、両親が離婚して母親の実家の近くに移り住んできたのだと話し始めました。元は専業主婦だった母親はパートをつないでいくつもの仕事を抱えて家計を成り立たせています。その子は夕方から夜にかけての一番人恋しい時間を一人ぼっちで過ごすことが多いのです。

離婚によって両親は様々に傷ついたり失ったりしますが、子どもはもっとたくさんのものを失うことがあります。たとえば母親が離婚すると、実家のある生まれ育った町に戻って住むことが結構あります。そういう場合、母親にとってはバツが悪かったり恥ずかしかったりする反面、親戚や昔からの友人や行き慣れた店や場所に戻ってくることになるので、どこかホームに帰って落ち着けたりもします。しかし子どもにとっては、お盆と正月などに何度か来たことがあるだけの町で、なじみがないことがほとんどです。そしてたくさんのものを失って来ている場合が多いのです。住んでいた家、近所の人、父方の祖父母などの親戚、通っていた学校、クラスの友だち、塾、習い事の先生や友だち、よく遊んだ公園、立ち読みしたコンビニなどなどいろいろなものを父親の住む町に置いてきたのです。一般的には離婚して母子家庭になると、収入が約三分の一になるといわれますから、子どもは以前のように買い物をしたり習い事をしたりもできにくくなり、また母親は多忙に働き出して、子どものことを考える余裕がなくなってしまったりします。子どもは幾重にも一人ぼっちになっている可能性があります。「なんか暇やからかけた」という子の後ろにも様々な家庭の事情があります。よく〝何にも（悩みや問題が）ない家庭はない〟と言われますが、私たちは、子どもたちの言葉の背景にある状況にしっかり想像力を働かせる必要があると思います。

私が学生の頃のことですが、友人宅のリビングで数人でだべっていて、一人が音楽をかけて、誰も見ていなかったテレビを消そうとしたら、別の一人が「お友だち消さないでよ」と言いました。そのときは、だって誰も見てないじゃんか、とちょっと言い合いになったのですが、ああテレビはお友だちだなあ、ずっと（声が流れて）いるし、テレビがついていたら寂しくならないでいいよなあ、と思いました。横に友だちがいて話したり遊んだりしているときでも、孤独を感じることもあるし、そういうときはテレビはお友だちだなあと思いました。

それはいまだったら、テレビだけではなくて、ゲームだったり、パソコンだったり、スマホだったりするのだと思います。子どもたちはそれがないと、それにつながっていないと不安になるのだと思います。かつてのように人づきあいが結構あった時代でさえも、テレビはお友だちだったのですから、いまの子どもたちがゲームやスマホを手放せなくなるのは、残念なような気もしますが、致し方ないことだとも思います。

こだわり

趣味などでこだわりの強い子がいます。例えば鉄ちゃん（鉄道マニア）の子は結構いますが、その好みはとても多様なのです。ＪＲ、新幹線、私鉄、地下鉄、ローカル、蒸気機関車、路面電車から、車両、鉄橋・トンネル・線路などの構造物、プレートなどの備品、工具、ユニフォーム、警笛、アナウンスに至るまで守備範囲がいろいろなのです。こちらはほとんど知らないことですから、とにかく教えてもらうしかないのですが、ときとして語られるその知識の広さや深さに驚嘆することもあります。小学校低学年でも一時間でも二時間でも「何系は何線のどこどこで」としゃべっています。ああ、この子はずっと話していたいんだろうなあ、誰かに聞いてもらいたいんだろうなあ、と思います。この知識とパワーを学校などで発揮できているかな、このこだわりの強さを理解してくれる人がいるといいけどなあ、研究者になったらいいだろうなあ、友だちとうまくいっているかなあ、と思いながら聴きます。それは、そういうこだわりの強い子が、まわりの人のことが理解できにくかったり、コミュニケーションの力が弱いことがしばしばあって、学校などでうまくいっていない子が多い印象があるからです。せめて自分のこだわりについて話す時間くらいは楽しく過ごして、ちょっぴり元気を取り戻してほしいと思うのです。

こちらは鉄成分（鉄道マニア度）0なので、なかなかついていくのに苦労しますが、できるだけその子の楽しい気持ちに寄り添うように、ときにはメモを取りながら教えてもらいます。他にも、天文学者、動物学者、恐竜博士、昆虫博士、歴史オタク、アニメオタク（アニオタ）、フィギュアマニア、株為替専門家、陰陽師研究家、家電評論家、ＡＫＢ48ファン等などにも、それぞれ多様な関心や好みがあって、こちらはただただ一生懸命に話についていきます。

心配する

かつては仲人で縁談を何十組もまとめたことが自慢の、お節介なおじさんやおばさんが近所に普通にいました。そういう人が身近にいて、多かれ少なかれ人と人のつながりがあった時代の電話相談等の支援のあり方は、そのお節介成分のうち、ああしろこうしろという指導したり指示したりする要素を取り除いて、じっくり話を聴いて受けとめることに徹することが強調されました。その基本的な姿勢は変わらないのですが、現在の日本社会では、そういうお節介そのものが敬遠されがちで、人との関わりをもちにくくなっているので、同じような支援のあり方だけでは人の役に立ちにくくなっていると思います。

かつてじっくり話を聴いて受けとめることに徹することが強調されたときに、話を聴く側が冷たい壁のようになってしまう懸念がありました。ときにはひどくこちらを傷つけるような子もいますから、自分を守らなければなりませんが、自分の温かい感情をなくしてしまうと、相手からは、そこに高い壁が冷たく広がっているだけで誰かいるのかいないかもわからない、発した言葉が跳ね返ってくるだけという、とても空しい感じになる可能性もあるのです。そうならないようにすることは、大切な戒めでもあります。

それを防ぐ意味でも人の支援を考えるときに必要なものは、相手のことを〝心配する〟姿勢です。特に子どもと接するときには大切です。いまでもあると思いますが、かつて若者が就職や進学で都会に出て来たときに、田舎のおばあちゃんが米や野菜やその子の好物のお菓子やラーメンを送ったりしていました。若者からすれば、お金をもらったほうが助かると思ったり、毎回こんなに入れられても食べきれないし、と半分ありがた迷惑だったり面倒に感じることもあると思います。それでも、やっぱり定期便で届く品物が田舎とのつながりを感じさせてくれて、元気をもらえたのではないかと思います。さだまさしさんの歌に『案山子《かかし》』という、遠くに出ている若者への家族の想いを綴った歌がありますが、かつての定期便で届く米や野菜には、家族の純粋な思いがこもっていたのではないかと思います。

まずちゃんと子どもが食べているかを心配します。やっぱり食べることは生きることの中心で、かけがえがありません。おいしくご飯が食べられていたら、少し安心しますし、食欲がないと聞いたりしたら心配します。食事を通じて、家族の状況が垣間見えたりします。親が食事を全然作っていない厳しい状況にある子もときどきいます。カップ麺や菓子パンばかりでお腹を空かせている子もいます。アレルギーで様々な制限がある子もいます。とてもこだわりが強くて、家でも学校でも苦労している子もいます。食べ吐きという摂食障がいなどの深刻な問題があることも知っておきたいです。とにかく食べることは子どもにとっては特に大切なことなんだと、意識しておきたいです。

次に心配するのは睡眠です。ちゃんと眠れていない子は多いです。明日のことを考えると目が覚めてしまう子、忙しくて眠る時間がない子、眠りが浅い子、ずっと眠れないので朝がものすごく辛い子など、睡眠には子ども一人ひとりに様々なタイプのしんどさがあります。チャイルドラインに電話をかけてくる子には、病院で安定剤などの処方を受けている子も珍しくないといいます。それまでの流れにもよりますが、子どもが「眠れない」というので「お薬とかもらっているの？」と尋ねると、ああこの人には病院に通っていることを話してもいいんだと、そこからいろいろな話をしてくれることもあります。

食事や睡眠以外にも、その子のことを昔のおばあちゃんのように、いろいろ心配します。いまのおばあちゃんは、昔に比べて寿命がかなり伸びたので、昔の年齢のマイナス二〇歳くらいの若さだと考えてよいと思います。もう現役バリバリで働いたり、やれ山登りだマラソンだ野菜作りだボランティアだと忙しくて、孫の世話をする余裕がない人のほうが多いです。どうかすると父母より忙しかったりします。そこでイメージ的には昔のおばあちゃん（別におじいさんでもおばさんでもよいのですが）のように心配します。「お風呂入ってしっかり身体を温めて寝てね」とか「汗かいたら早めに着替えたほうがいいよ」とか「風邪ひいてない？」とか「靴下はいたほうがいいよ」とか、とにかくあなたのことが大切な存在だから、心配しているよというメッセージを送りたいです。

本当に「ありがとうございました」なのか

よくセールストークで「ありがとうございます」と連発されるのは、こちらがしだいに断りにくいモードに入って、物を買わされてしまう常套手段なので気をつけなければいけないと言われますが、子どもから発せられる「ありがとうございます」も要注意です。実は話の終わりに子どもが「ありがとうございました」というのは、本当にそう言いたくなるような状態ではないことが多いのです。習慣になっていて言う場合もあるでしょうが、下手をすると何の役にも立てていないことがあるのです。

そのときのチェックポイントは、子どもとこちらとの関係が上下関係になっていないかどうかです。子どもは日常的には親や教師や部活の顧問、塾の先生など、大人と上下の関係の中で、教えられたり面倒を見てもらう生活をしています。特に教育やしつけに厳しい大人に囲まれて生活している子どもたちは、どこに行っても自分が下になって、教えを受けるポジションをとって「ありがとうございます」と言って生活しています。そういう子と話していると、知らず知らず、こちらも上の立場からアドバイスや指示を始めてしまうのです。よほど注意しておかないとそういうモードに入ってしまいます。特に日常何らかのリーダーだったり指導的な立場だったりする人は、そういうモードに入ってしまうので、よほど気をつけてください。なぜかと言えば、リーダーシップとは基本的に問題解決能力なので、ついついそれを発揮してしまうのです。

そういう子でときどきあることは、何かおどおどした態度ではっきり言わないのでこちらがイライラして何か指摘したくなったり、そんなことしたら当然怒られるでしょうというドジな話を次々にするので、ついついこちらがつっ込みたくなってしまうのです。しか

何かのきっかけで詳しい話を聴いたりしない限り、私たちは多様なそして複雑な人の人生の物語を知ることはないのです。

私たち個人が知っていることは常に本当に少なく、聴かせてもらう、教えてもらうしかないなあとつくづく思います。子どもからの電話では、そういう本当に多様で多彩な内容の話を、何の縁（ゆかり）もない見ず知らずの私が聴くことになります。実に奇遇なことです。不思議な縁を感じたり、ときには自分へのメッセージなんじゃないかと思ったりしてしまうほど、ときに大きく広く、深く重い内容の話を聴くことがあります。聴けば聴くほど自分の知識や経験といった守備範囲の狭さを感じますし、毎回のように「こんな子がいるんだ」「こんな人生があるんだ」と本当に学ばせてもらうなあと思います。

数年前ですが、殴ったり蹴ったりする格闘系のスポーツに、文字通り〝命〟をかけて取り組んでいる中高生の女の子三人から似通った話を聞いたことがあります。どの子も初めは部活が大変だ～というくらいの話でしたが、しっかり聴いていくと過酷なスポコン（スポーツ根性）物語のような話になりました。三人の共通点は、親の願いや親の果たせなかった夢をかなえるためにスポーツをしていること、本当に健気に健気にがんばっているのだけれどあんまり才能がなさそうだということ、勉強や家の手伝いなども人一倍がんばっていることです。いまその三人のどの子のことを思い出しても涙がでます。脳震盪で意識を失ったり、（女の子なのに）顔が腫れ上がって変形したり、ボディーやチン（顎先）に強烈なパンチをもらったために その場面がフラッシュバックして恐怖感が蘇って日常生活がまともに送れないなど、映画のような話が次々に出てきます。それを真剣にじっと聴いていると、どの子の場合も「痛い」「恐い」「本当はやりたくない」としゃくりあげるようにおんおん泣きました。辞めるって言えなかったり、言っても辞めさせてもらえなかったり、でも小さい頃からずっとがんばり続けているのです。厳しい激しい日々のトレーニング、プレッシャーに打ち勝つために強い気持ちを培う心構えを毎日聞かされ、負けても負けても一回も試合に勝てなくても期待されたり、勉強ができたら諦めてくれるかと思って必死で学年でトップになったり……それでも辞めさせてもらえない。がんばりたいけどもうがんばれない、それはそれは凄まじい内容ばかりでした。長い時間をかけて、その子の中の奥のほうにしまってある〝自分〟が大切にされて息づくように、祈るように願いながら聴きました。確かにその子の大した役には立ててなかったかもしれませんが、全力で聴くことに集中しました。そして、ちょっぴりですが、彼女たちの生きる力を取り戻すお手伝いができたように思います。本当に心身ともにクタクタになりますし、心に残って仕方がないですが、こういう話に遭遇できるのは長くやっているご褒美のようなものだと考えることにしています。でも、いまどうしてるかなあ、とときどき思い出してしまいますね。

学校でまわりとうまくやれない、という悩みを訴え始めた子からは、刺々（トゲトゲ）の怒りのようなものが伝わってきました。こういう子の場合、背景にある生活全体をつかむのは容易でないことが多いです。想像力をフルスロットルで働かせて聴いていかなければ、子どもは話を続けてくれません。教師は何か遠い存在で関係が薄く、友だちはいないこともないけれど共通するところが少ないので接点がもてない、勉強に集中できない、アルバイトもしたいけれどもできない、と刺々は続きます。話はしだいに家庭の話になり、姉と長兄は家を出ていった、次兄は粗暴で身勝手でひどいことを言ったりしたりする、弟は何らかの障がいがあるのか、あるいは全く放任だったためか手がつけられないくらい暴れる、父親の存在はわからない、母親は働いてはいるけれど気が向いたときにしか家事をしないしどこかに行って帰ってこない、一生懸命家事をしても追いつかない、勉強をする気力が起こらない、眠れない、誰も認めても褒めてもくれない……という内容でした。だいたいの様子を聴くのに一時間は軽くかかります。家計を支えるアルバイトは、自分しかやらない家事は、そしてそれを含めて自分はこれからどういう進路を選び、将来どんな人生を歩めばよいのか、全然未来が見えてこないのです。そうそう答えが出るはずもありませんが、一つひとつ気持ちを受けとめ、状況を一緒に整理しながら聴いていきます。

こういう話を聴いていると、物語の中に紛れ込んだような気持ちになることがあります。

まるでシンデレラがお掃除をしているその場面にこちらが透明人間になって居合わせている感じです。そういうとき、「なんか気に障ったら申し訳ないけど、あなたの話を聴いているとシンデレラみたいだなって思った」と感想を言うこともあります。それは、人はただ過酷な人生を歩んでいたり、孤独に努力していても、その過酷さや孤独を誰かに理解してもらうことによって、やり続けられたり乗り越えたりできることがあると思うからです。しっかり話を聴いて受けとめると、過酷な人生や孤独な努力は小説のような物語になり、その人は物語の主人公になることができるように思うのです。たとえ実人生がその他大勢のエキストラか脇役であったとしても、自分の物語を語り熱心に聴く人をもつことによって、その子は物語の主役になることができると思うのです。

同じように、「退院したときに、なんか浦島太郎になったみたいだったんだね」とか「ああ、なるほど、ぐるっと元に戻ったら青い鳥がいたってわけか」とか「というと、サザエさんちのわかめちゃんの立場なんですね」とか「なんか銀の匙みたいな展開になってきたね」というように、何か結構みんなが知っている物語やその登場人物などのたとえを使って話を深めていくことができることもあります。子どもも知っているお話でないと伝わりませんが、うまくはまると「うん、そうそう」と、ああわかってもらえた、という感じが強くなると思います。

ある中高一貫校の中学生の子は友だちとの微妙な距離感に悩んでいました。昼食のときは一緒に食べたりもするけれどいま一つ話題が盛り上がらない、以前はそんなことはなかったけれども何となく自分が避けられているように感じる、いじめられてはいないけれども寂しい感じがする、もっと仲良くなりたいけどどうやったらよいかわからない、休み時間をどう過ごしてよいかわからなくなってきた、というのです。自信がなさそうな声ですが、どこかしっかりした感じだなあと思って聴いていました。いろいろ試しているけれどうまくいかない、勉強がうまくいかないわけではない、部活もしている、家族も応援してくれている、でも仲良しでいたい友だちとの間をもう少し親密なものにしたい、と言うのです。散々聴いたけれどもその全体の様子がいま一つピンとつかめないので、もしかしたらと思って「違っているかもしれないけれど、あなたって何か美人だとか特別スポーツができるとか勉強ができるとか、ない？」と尋ねてみました。「いやあ、普通の顔だと思う、部活も並みです」「そう、じゃあ勉強は？」と尋ねると、しばらく沈黙があって、直接それには答えずに話が始まりました。友だちからテストの成績を聞かれて、言わないほうが良いんじゃないか、でもみんなだいたい自分のことを言ってるし、どうしようか迷ったけれども言わないと不誠実な感じがして言ってしまったら、それから仲の良かったまわりの友だちが少しずつよそよそしくなっていったのだそうです。話していてテレビのお笑いやドラマの話にはあんまりついていけなかったりすると、みんながすうっと引いていく感じがするのだそうです。ドラッカーを読んで関心をもったので将来は経営工学がやりたくて、そういう道に進みたい、物理学にも関心があるし、本当はそういう話がしたい、クラシック音楽の話もしたいけれど、できる友だちはまわりにいない感じがするのだそうです。いっぱいいっぱい本の話をして盛り上がり、いままで聴いてきた似たような孤独を味わってきた子がいた話をしました。そうしたら、自分なりに結論を出したみたいで、「寝る時間をもう少し減らして友だちが見ているドラマも観て話についていけるようにする」「たとえ馬鹿にされても話に入っていじられるように努力する」と言うのです。友だちに関してもどこまでも真剣なんですね。感激というか、尊敬するしかないなあと思いました。それからその子は、障がいのある人やマイノリティ、差別されている人のことまでいろいろ考えていることにもびっくりしました。そして、こういう素敵な子の人生の物語のある瞬間に立ち会えたのは至福の体験だったと思います。

ここに上げた子どもたちは一つの例に過ぎません。本当はどんな子も真摯に自分の物語を生きていると思うのです。こちらがしっかり聴くことができれば、その物語を披露してくれるのだと思います。その物語の大きさや広さ、深さや重みを受けとめられる余裕と包容力を少しでも身につけたいと思います。

応援する言葉

あなたの存在を大切に思っていますよ、というメッセージをしっかり子どもに届けたいときには、やっぱり言葉が必要です。特に電話は言葉でないと相手に伝わりませんが、電話でなくても、ちゃんと相手に届けようとしたら以心伝心ではなくて言葉で伝えなければならないと思います。子どもたちは直接触れ合ったり話をしたりすることに慣れていないことが多いです。とにかくいろいろな経験が少ないのです。褒められたことも叱られたことも慰められたことも励まされたこともあんまりなかったりします。ですから、こちらが何か言ってもキョトンとして、自分のことだとは気づかなかったりします。あるいはあんまり濃い表現だと、受け取りきれない場合もあると思います。子どもがとってもがんばっている報告をしてくれたときに、「すごいね」とすぐに応じてしまうと、白々しく感じるタイプの子もいますが、そんなふうに強めの反応をされると慣れていないので困ってしまうこともあるのです。そういう子どもの繊細な反応に注意しながらも、こちらの思いのメッセージはしっかり伝えたいです。例をあげてみます。

あなたは大切な人

あなたは必要な存在
あなたは役に立つ
あなたは悪くない
あなたは間違っていない
あなたは正しい
あなたはよい子
あなたはよい友だち
あなたは素敵
あなたは立派
あなたは頼もしい
あなたは勇気がある
あなたはいい奴
あなたはしっかりしている
あなたは幸せになっていい
あなたはがんばっている
あなたは粘り強い

あなたには価値がある
あなたには可能性がある
あなたには才能がある
あなたには希望がある
あなたには未来がある
あなたが生きていることには意味がある

ナイスだね
クールだね
タフだね
もってるね
よい雰囲気だね
よいセンスだね
チャレンジだね
気楽にね
ゆっくりね

元気だしてね
楽しんでね
うまくいくといいね
だいじょうぶ
味方だよ
信じているよ
祈っているよ
応援しているよ

そのときどきで、相手によってかける言葉や言い回しは異なりますが、基本は（たとえ電話でも）相手の目を見るように、少し低めのゆっくりした口調で言うことが多いように思います。もし子どもから「えっ本当？」と返されたときに、こちらが目をそらすようではいけませんから、しっかりお腹に力を込めて言いたいです。ときには同じ言葉を何度も繰り返して、その子の身体に染み込むように言うときもありますし、ちょっとずつ違う表現で伝えるときもあります。

私は直接子どもに「○ちゃんはいい子だね～」と言って、子どもがみるみる元気になったり素直になったりするところを何度も見てきました。そんな言葉は生まれて初めて聞いたという感じだったり、毎日毎日逆の言葉ばかりかけられて生きてきたんだなあという場合だったりします。特にそういう自分を大切に思ってくれる人や言葉に恵まれていない子には、機会を見つけては応援する言葉をかけてやりたいです。その言葉は大人にとってのリポビタンDのように効いて子どもを元気にしたり、もしかしたら子どもの中に生きて血や肉や骨になって働くかもしれないのです。

横に座る

隣（となな）る人という言葉があります。これは児童養護施設光の子どもの家の施設長をしておられた菅原哲男さんが提唱された言葉だそうです。子どもが求めるアタッチメント行動や甘えという本能に近い欲求を受けとめる人のことで、どんなことがあっても断ち切られることのない人のことを言うのだそうです。強い絆というかへその緒や命綱を連想します。そういう強い存在にはなることは難しくても、しっかり話を聴いて子どもに寄り添う考え方の基本は同じではないかと思います。それは、逃げないで責任をもって受けとめる、つながって応援するということではないでしょうか。

そして、この〝隣る〟すなわち横に座るということに、とても重要なポイントがあるように思います。私たちが子どもに寄り添うスタンスとして、子どもの横に座るというポジションを取るのがよいのです。例えると、公園などのベンチに子どもと座っているイメージです。子どもと大人が立って向き合うと背の高さから上下の関係が生まれやすいですが、横に座るとあまり変わらない高さで同じ方向を向くことになります。一緒に眺めているのは木々の緑か、キャッチボールをしている子どもたちか、池に浮かんでいるボートか、いずれにしても見るでもなく見ている感じでしょうか。あるいは車の運転席と助手席か後ろの席に座っているイメージでもよいです。そんな感じで、相手を見つめたり見つめられたりする緊張感がなく、少しリラックスできて、自分のペースで話したいときに気楽に話せる横に座るポジションというのがよいと思います。

そこでは、子どもは学校であったことを話したり、将来の夢を語ったり、うまくいかない部活の話をしたりします。そうすると大人はじっくり聴いたあと、自分も夢があったことやテストで赤点を取ったことを話すかもしれません。しばらく話したあと、子どもは「行ってくるね」と立ち上がります。大人は「じゃあ」とか「気をつけて」と送り出し、心配しながら見守っていく、というイメージでしょうか。

私は若い頃、山登りをしましたが、焚き火や薪ストーブ、暖炉といった火を囲んで座り、炎を眺めながらするおしゃべりが好きでした。炎を囲んでいれば、たとえ沈黙が続いても気にならないし、話した言葉は誰が聞くでもなく炎と一緒に天に昇っていったような気がします。気ぜわしいこの時代には、ああいう静かな時間はもうなかなか作れないのかもしれませんが、ゆったり流れるような時間の中で子どもたちの横に座るイメージで話を聴きたいと思うのです。

フリーソフトのスキル

サドベリー・バレー・スクールを創設したダニエル・グリーンバーグさんは「困難な問題を克服するために必要なことは、現実に何が起こっているかを正確にみんなが知ることだ」と言っておられます。これから私たちは、新しいメディアを活用して、たくさんの人に子どもに関わる様々な情報を伝え合っていく必要があると思います。キーワードは情報の共有だと思います。

それで、たくさんの人々と情報を共有する一つの取り組みとして、この本を社会に送り出すことにしました。私が関わってきたチャイルドドラインは小さな活動ですが、そこで得られた情報をできればたくさんの人に知ってもらおうと思ったのです。ちょっとおこがましいですが、自分としてはこの本は家電や携帯電話など様々なＯＳに使われているオープンソースの Linux をイメージしています。Linux は誰もがフリーで利用できて、使いながらどんどん改良してソースを公開していく参画型のスタイルで、とてもいいなあと思います。目の前にたくさんの人にとって必要性のある課題があって、それを自分が解決できそうだったら、人は無償でも取り組んでみようとするのだなと思います。そして、すばらしいソースが公開されるとみんなから認められたり称賛されたりするのです。このとてもオープンでポジティブな仕組みに、インターネットを利用した協働のあり方の新しい未来を感じます。たくさんの人が自主的に関わって、ものごとを前進させていくのが、それもみんなが見える形で進んでいくのが、フェアで気持ちいいです。この本も同じようにたくさんの人が関わってくれるきっかけになればと思います。

だって子どもの話を聴くことは、特別なことではありません。まわりに子どもがいれば誰でもできることです。たまたま私がチャイルドラインという少し特別な仕組みを通して活動して聴くスキルの情報を少しもっていて、ただもっているのはもったいないからみんなもぜひ使ってみてね、と紹介しているだけです。この本のスキルや考え方をヒントにして、どんどん子どもの話を聴いて、いろいろ応用したり自分なりに改良してよいスキルが見つかったら公開してみんなに知らせてほしいと思います。情報交換サイトで様々なスキルの共有や経験の共有ができれば、参加した人や関心をもった人が少しずつ増えてつながって、考え方や意識が共有されて、やがて子どもを応援する新しい方法を提案してくれる人なんかも出てくるのではないかと思うのです。そうなったら、もっと子どもたちがハッピーになれるんじゃないでしょうか。そんなことを夢見ています。

サポーターになる

子どもを応援するのは、サッカーなどスポーツチームのサポーターに似ていると思います。サポーターは負けても負けてもひいきのチームを応援し続けます。一年中追いかけて、練習を見に行ったり、グッズや機関紙やスポーツ新聞を買っていつもチェックしています。仕事を早く切り上げて、寝る時間を減らして、旗やメガフォンや太鼓と弁当を持って、声をからして応援します。勝っているときも負けているときも、絶好調のときもスランプのときも、ミスをしたときも怪我をしたときも下位のリーグに落ちたときもスキャンダルを起こしたときも見守り、応援し続けます。そんなふうに、いつも子どもを応援してくれる人が増えたらいいなあと思います。

支え合う仲間

私は以前、親などの大切な人を失くした喪失体験のある子どもたちのグリーフサポートを学ぶ勉強会に参加していました。看護師、社会福祉士、臨床心理士など毎月一〇数人で集まって、テキストで子どものグリーフの基礎を学びながら、思い思いに子どもの頃のことを語る時間を過ごしました。誰かが子どもの頃の思い出や喪失体験などを話すと、みんな真剣に聴いてくれて、自然にもらい泣きしてしまったり、肩をさすって慰めたりし合います。そうすると、もう、そんなことがあったことすら忘れていた一〇～二〇年以上前のつらい記憶や悲しいできごとが呼び覚まされるように出てきたりして、また誰かが話し始めます。たっぷりゆったりの時間の流れの中で、子どもの頃の自分と向き合い、またメンバーの過去に想いを馳せます。そこで私は、いままでにないくらいたくさん自分のことを聴いてもらいました。私は心の底のほうにしまいこんでいたものや沈んで忘れていたものを思い出して、みんなに受けとめてもらい一緒に感じてもらうことで、かなりの整理整頓ができたように思います。それで、私は人の話をあんまり聞かない人間から少しは聴ける人間になって、かなりバージョンアップできたように思います。きっと私の押し入れや物置の中がかなり空っぽになって、新しいものが入れられるようになったのでしょう。いま思うと、私は何だかちょっと脱皮できた感じがあります。

子どもの話をしっかり聴いて受けとめるためには、自分も聴いて受けとめてもらう人が必要だと思います。人は大切にされると人を大切にできるようになるように、子どもを大切にするためには自分自身も大切にされることが必要です。そのためには、一対一で受けとめてくれる人も必要ですが、できれば仲間がほしいですね。たくさんのつながりが生まれやすい仲間の中で話をすると、とてもしっかり受けとめられて、自分の力にすることができるようになると思うのです。子どもをしっかり応援するためには、自分の味方になって支えてくれるような仲間を作っていくことも心がけたいことだと思います。

Pass on the gift of kindness to children !

幸いなことに、私はいままでたくさんの先輩や仲間に支えられてきました。たくさんおしゃべりをし、一緒にご飯を食べたり遊んだり勉強したりしてきました。それが何よりの力になってきたと思います。またたくさんの助言をいただき、経済的な支援も含めて多くの方がバックアップしてくれたおかげで、活動が続けられてきたのだと思います。

そして、私の中には実はもっとたくさんの人が住んで働いてくれていると思います。育ってきた高度経済成長期には、豊かな反面とても面倒くさい人のつながりやお節介やお助けがありました。そこで私はたくさんの人から厳しさや優しさなどたくさんのものをもらってきました。それが私の中に住んで、生きる糧や行動する力や支えになってきたのではないかと思います。今度はそれを子どもたちにつないでいく番だと感じています。〝恩返しは子どもたちに〟、それがいのちをつないでいくものの仕事ではないかと思うのです。

おわりに

私なりに、いつも自分の幅を広げたいと思っています。野球で言えば、子どもが思いっきりボールを投げられるように、どっしり構えて大きい的のようなキャッチャーになりたいです。どんなボールでもミットで受けられるように知識を増やしたり、変化球や暴投でもフットワーク軽くキャッチできるように日常会話でもいつも反射神経を鍛えていきたいです。よく「子どもが話さないから大人が理解できないのではなくて、大人が理解できないから子どもが話せないのだ」と言われます。少しでも子どもの気持ちを察せられるように、ついていけるようになりたい、と思っています。そしてそういう大人が増えてほしいと思います。

そこで、できるだけたくさんの子どもたちの声をサンプルとして載せました。とにかくいろいろな子どもたちと出会ってほしかったのです。文字数のことも考えて、前後の詳しいことは省いていっぱい載せました。どんな年齢のどんな状況の子がどんな雰囲気で話しているか、イメージしにくいものもあると思います。そのギャップを、これからたくさんの子どもの話を聴くチャレンジの中で埋めていっていただければと思います。

キャッチャーなどで若い人ががんばって活動しているのを見ていて、社会にある様々な問題、例えばいじめや虐待や貧困という問題に向き合って、自分の考え方や価値観を広げたり変えたりしながら取り組んでいく姿はとても頼もしいなあと感じます。自分の考え方や価値観を広げたり変えたりする経験を重ねていくと、人を受けとめる力が格段にアップして、とんでもないできごとや人に出会ったときにも、新たな想像力を発揮して対処できるようになっていきますね。そうすると、ますます新たなチャレンジができる、〝変われば変わるほど変わる〟という感じがします。学ぶことは変わることですし、出会いが増えたり出会う人やものが変わっていくことだなと、つくづく思います。

日本のあちこちにそういう若い人たちが増えて、新しい動きが起こっている印象があります。時代は〝人に任せてブーたれる生き方から、自分も参加して責任を担う新しい市民社会〟へ、〝ないものねだりからあるもの探し〟へ、〝現場からUPSET（反転）して社会を変えていく〟へ、と移行しているように思います。自分ができることを探して行動する若い人が、若い心をもった経験豊富な大人と手を携えようとしています。どこか遠いところに理想の地があるのではなく、いま住んでいるところが私たちのめざすチャレンジの場だと思います。その最初の一歩は、いま隣にいる困っている子（人）の声に耳を傾けて、気持ちに寄り添って聴くことからでも始められるのではないかと思います。みんなで身近なお助けマンになりましょう。

最後になりましたが、チャイルドライン支援センターをはじめとして、数多くの方々のご指導やご尽力を賜って活動を実践してきました。この場を借りてご厚意に深く感謝致します。

本書は初めての単著なのですが、ミネルヴァ書房の神内冬人氏にはとっぴなわがままをたくさん受けとめてもらいました。そしてのろのろとした作業に粘り強くつき合っていただきました。この場を借りて御礼申し上げます。

また本書を書くにあたっては、たくさんの方々からご指導やご助力を賜りました。ここにそのほんの一部ですが、特にお世話になった方々のお名前をあげさせて頂き、感謝の意を表したいと存じます。ありがとうございました。

相戸晴子（子育てサポートWILL）、岩丸明江（GGPジェンダー・地球市民企画）、太田久美（チャイルドライン支援センター）、加藤志保（筑波大学附属駒場高等学校）、才藤千津子（同志社女子大学）、佐々木悠史（アカツキ）、高橋俊行（チャイルドライン支援センター）、多賀太（関西大学）、多田育美（ふくおか教育を考える会）、谷山篤子（姫島小学校）、津島雅美（新家庭教育協会）、刀根由紀子（NOBODY'S PERFECT）、豊田了一（社会福祉士）、中村央（ワーカーズコープ）、西島里美（福岡いのちの電話）、Phee Nugent（福岡女学院大学）、樋口けい子（春日南小学校）、前園敦子（エルマー書店）、前田和美（西日本リビング新聞社）、高倉奈津美（TSURU HOUSE）、宮原恵美（筥松小学校）、武藤知佳（チャイルドライン支援センター）、山下裕子（子ども情報研究センター）、山根若子（エンパワメントセンター）

（五十音順、敬称略）

二〇一三年一二月

山口祐二

《著者紹介》

山口祐二（やまぐち・ゆうじ）

1956年，福岡県に生まれる。1978年に西南学院大学経済学部卒業後，８年間九州大学教育学部にて研究生として臨床心理学を学ぶ。この間，心理教育相談室相談員としてカウンセリングや訪問支援の経験を重ねる。学習塾講師，精神科病院心理士，児童相談所一時保護所指導員，中学校心の教室相談員，児童養護施設児童指導員及び心理カウンセラー，学童保育・児童センター・放課後等デイサービス・こどもプラザのアドバイザー，若者サポートステーション・ひきこもり地域支援センター相談員を経て，現在は，九州女子大学・福岡こども短期大学非常勤講師として保育士養成に携わるとともに，福岡市子ども家庭支援センターちあふるセンター長を務めるほか，江戸川区児童相談所夜間電話相談アドバイザー，福岡市こども総合相談センター子育て見守り訪問・深夜電話相談統括コーディネーター，子ども食堂，不登校・ひきこもりの居場所づくり，「おせっかい講座」，ふくおか当事者研究会など，子どもや若者を支援する活動を幅広く展開中。

チャイルドラインで学んだ
子どもの気持ちを聴くスキル

2014年２月10日　初版第１刷発行　〈検印省略〉
2023年４月30日　初版第５刷発行

定価はカバーに
表示しています

著　者　山　口　祐　二
発行者　杉　田　啓　三
印刷者　江　戸　孝　典

発行所　株式会社　ミネルヴァ書房

607-8494 京都市山科区日ノ岡堤谷町１
電話代表（075）581-5191
振替口座 01020-0-8076

共同印刷工業・藤沢製本

ISBN978-4-623-06791-6
Printed in Japan